女性的力量

中国抗疫战中的上海女性

文匯出版社

编委会成员

主　　编：徐　枫

副 主 编：翁文磊

策　　划：陈建军　刘　琳

执行编辑：钱亦蕉　顾逊里　黄　祺　许梦洁

美术设计：乐　业

1

2 | 3

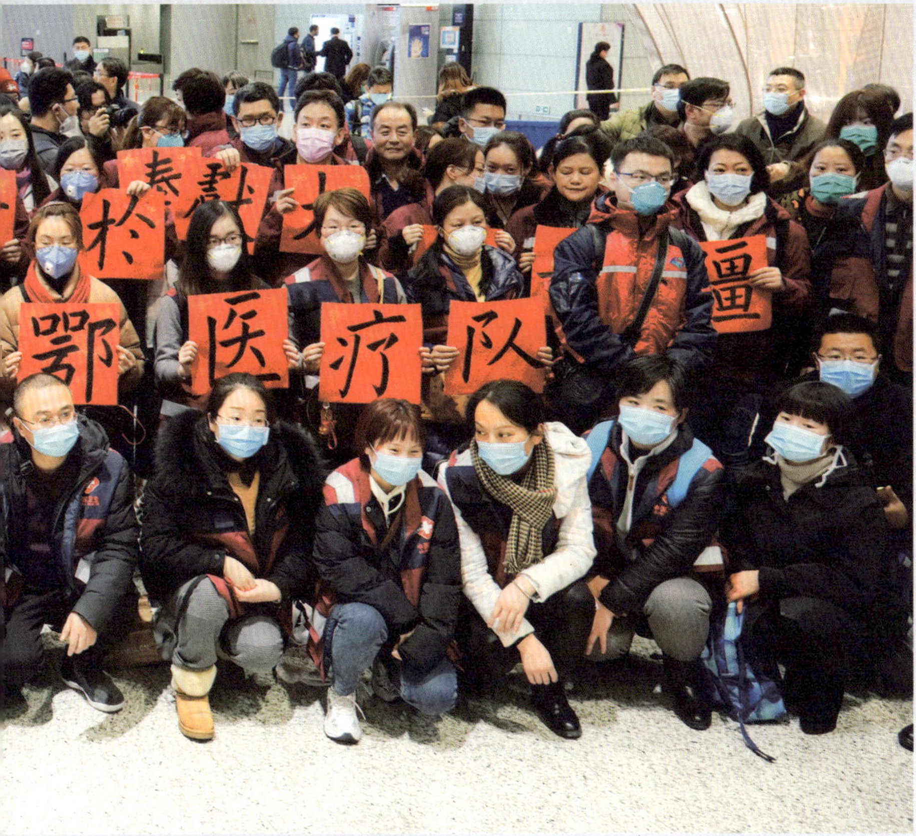

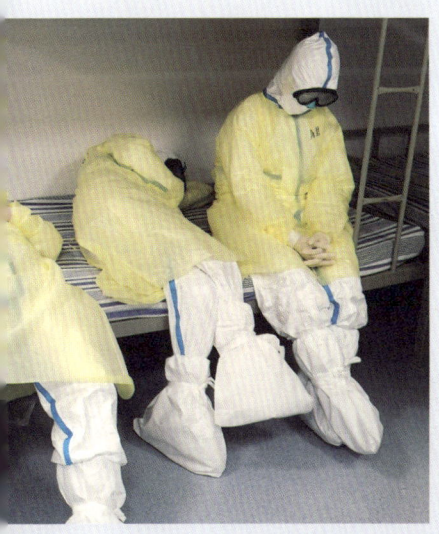

1. 除夕夜，第一批上海援鄂医疗队出发。

2. 浦东新区浦南医院护理部副主任护师李晓静曾经是个军人，她在车窗前向同事敬礼。

3. 瑞金医院援鄂医疗队中的年轻人，经受住了这一次严格的考验。

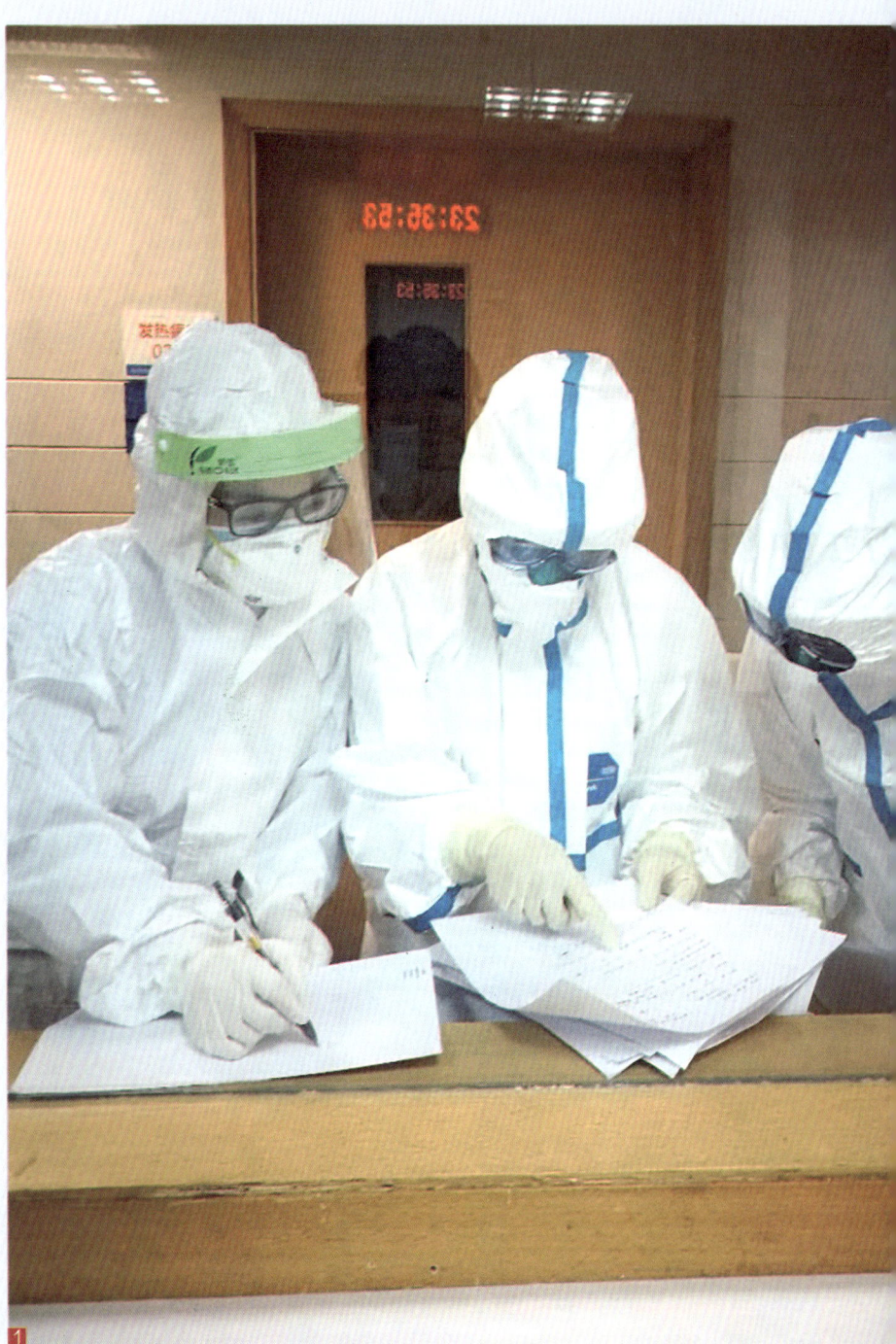

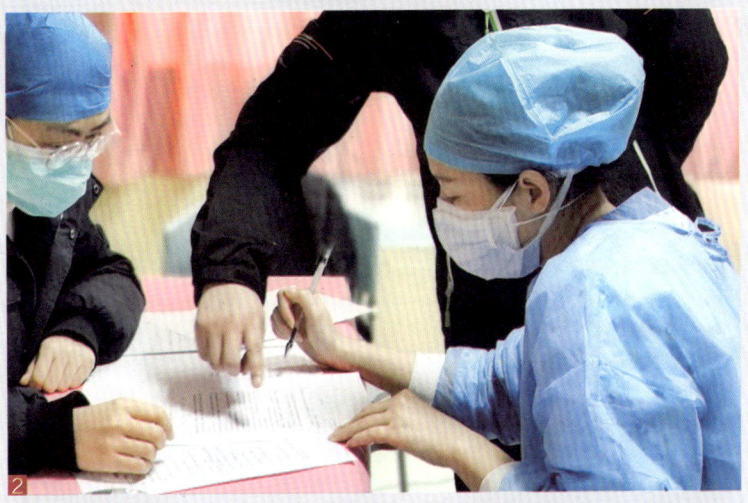

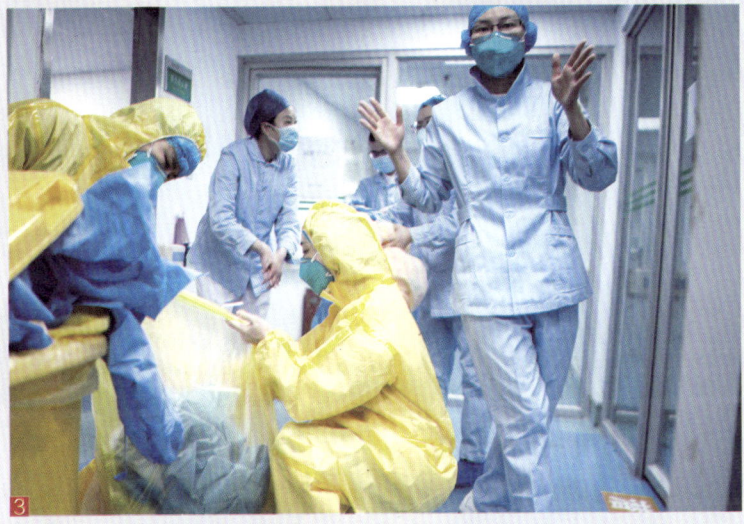

1. 2020年1月26日,长宁区疾控中心工作人员(右一右二)与同仁医院医护人员在新冠肺炎流调现场。供图/长宁疾控

2. 华东师范大学附属精神卫生中心医生讨论工作。

3. 因为病区里没有护工,医疗队的护士工作辛苦程度可想而知。

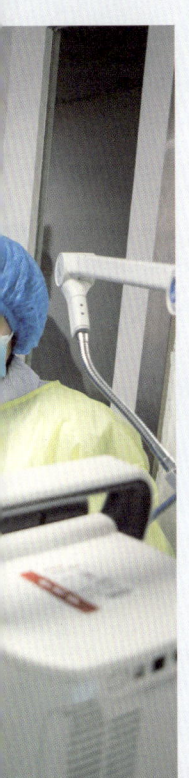

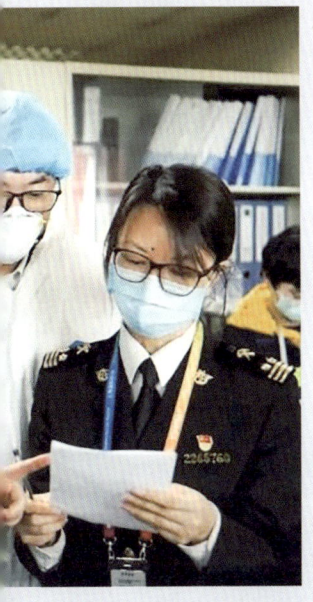

1. 第一批上海援鄂医疗队在武汉金银潭医院参与救治新冠肺炎病人工作。

2. 长宁区疾控中心微生物检验科对新冠肺炎疑似患者的标本开展检测。供图 / 长宁疾控

3. 上海地铁7号线值班站长王丽丽（左一）。

4. 登临检疫前，浦东国际机场海关值机处业务监管科科长宋丹（左二）与同事一起对重点航班处置流程进行梳理。

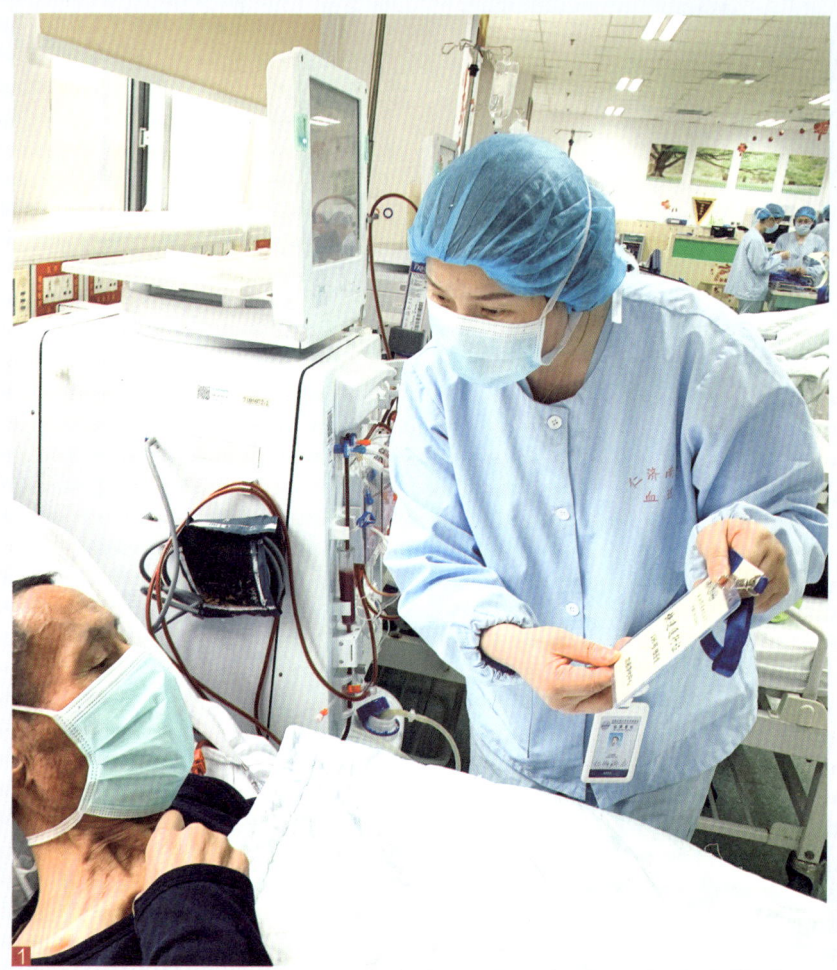

1. 仁济医院南院血透科为血透病人办理"快速通行卡",持证的患者可以优先测温、核对身份、快速进入医院。

2. 新东苑快乐家园里的线上探访。

3. 2020年3月8日,南京路上一家餐饮店正在经营网络直播营销。摄影/陈梦泽

4. 上海清美绿色食品集团转产生产口罩。

5. 徐汇区长春居委会干部和志愿者齐上阵,做好居民购买口罩预约登记。

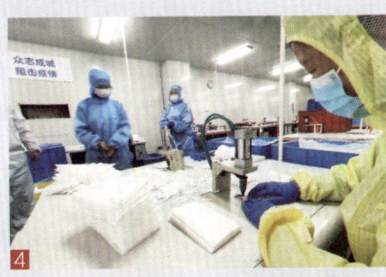

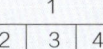

1. 关卡的"来沪人员登记处",成为宜川三村这个分属两个居委会的小区、共计万余居民名副其实的"第一门岗"。摄影/孙中钦

2. 上海市妇联多方筹集物资。

3. 闵行区疾控工作人员做电话流调。

4. 虹桥火车站的志愿者。摄影/吴恺

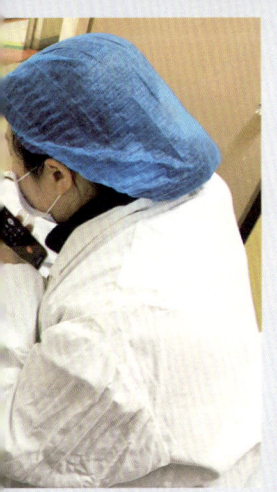

- 序 -

生命之光与女性之光同耀

有句话叫"战争让女人走开"。

新冠肺炎疫情这场没有硝烟的战争中,女性没有"走开",她们真正顶起了抗疫"半边天",令人瞩目、敬佩、动容。

最危险、最艰苦的救治一线,女性医护人员占了大半;社区联防联控一线,女性基层工作人员勇挑重任;开车接送医护人员、筹集口罩支援、互帮互助的志愿者中,女性往往表现出更大的热情;警察、地铁工作人员、空姐、高铁乘务员、环卫工人等等关键岗位上,女性也从不缺席;到了转产抗疫、复工复产的阶段,女性企业家和管理者,又果断而勇敢地走在了前面。

普通的家庭中,女性作为维护家庭正常生活的"主心骨",同样是"宅家抗疫"的重要角色。她们每天安排停当老小,采买、清洁、辅导"神兽"上网课……家庭成员中的情绪问题,也往往是女性成员更加敏感地首先发现和解决。

女性的智慧与力量、柔韧与坚强，在抗击新冠肺炎疫情的战场上再一次被证明。

全国各地派往武汉的4.2万余医护人员中，女性医生约占一半，护士队伍中女性则占了九成以上。

新冠肺炎患者的救治是一场"恶仗"，但巾帼"战士"没有退缩。

疫情早期，医生对新冠肺炎的病情发展特点不清楚，再加上早期医疗物资紧缺、防护物资不足，更加使得新冠肺炎病房里的工作充满了挑战和危险。

重压之下，女性医护人员以巨大的勇气投入救治，涌现出大量优秀人物。而在"大后方"，各行各业的女性为抗疫做出自己努力。有资源的，动员和组织疫情中紧缺的资源支援"前线"；普通人，克服对疾病的恐惧坚守自己的岗位——也许力量微薄，但千千万万的单薄的肩膀，一起扛起了家和国的重担。

疫情就是一场考试，女性交出了一份写着"勇气""智慧"与"担当"的答卷。

经历这场意志大考、信念大考、能力大考淬炼升华的新时代女性精神，是对习近平总书记提出的新时代女性要对社会有责任、对家庭有贡献的最好诠释，其鲜明的时代特质和丰富的时代内涵在中华民族精神谱系上写下独特篇章。

疫情中，作为女性的"娘家"，上海市妇联倾其全力，从多个方面帮助和支持抗疫中的姐妹。从1月20日在"上海女性"公众号上推出第一篇新冠肺炎科普知识开始，为医护人员募集物资，为逆行者守护家园，为巾帼亮灯致敬……上海市妇联与全市女性一起共同抗疫，并肩度过艰难时刻。

人民至上，生命至上。习近平总书记在上海杨浦滨江考察时指出，人民城市人民建，人民城市为人民。女性的坚韧、勇敢和对生命的珍视，彰显着上海这座社会主义现代化国际大都市的温暖和精神品格。在这一场抗击疫情的战斗中，无论是为生命保驾护航，还是为城市安全运行、为经济稳步恢复，我们都可以骄傲地说：女性都担当起了自己的责任。

让我们一起记住抗疫中的姐妹们。

徐 枫

目录

001	**一、最美逆行者**
002	大事记
004	最早驰援武汉的医疗队,来自上海
008	疫情中,致敬你们
016	援金银潭医院医生查琼芳:她看到的武汉不一样
022	治愈百岁新冠肺炎老人,市一急诊危重病科主任王瑞兰回忆武汉55天
030	儿科医院曾玫:上海唯一儿童新冠肺炎病房里的故事
037	上海第二批援鄂医疗队(护理队)队长李晓静:疫情一线,每个护士都是"南丁格尔"
044	李圣青,与死神抢病人
049	战地玫瑰分外香
055	联影刘宏颖:武汉方舱CT的幕后女将
061	**二、激活上海"免疫"系统**
062	大事记

064	上海战"疫",一座超大城市是如何激活"免疫"系统的?
073	最难的"倒叙":流行病学调查
081	"疾控女侠"吴凡:抗疫"智囊"的非凡经历
086	战过非典的老书记,揣着一本特殊"手账"
090	社区警花破解"心中之疫"
095	女警战"疫",铿锵玫瑰散芬芳
102	地铁班长"丽姐"的一天:最关心地铁消毒无死角
107	女子清道班,每一分钟都很重要

113	三、复苏和坚守
114	大事记
118	上海复工复产复市,为何有底气按下"快进键"?
126	转产救国:人民需要什么,我们就造什么!
135	后疫情时代,如何让家政人员安心上门?
140	浦东机场守关人
149	一线大管家,"全能"女战士撑起抗疫保护伞

154	张澍：名副其实的"及时雨"
159	出入境办证窗口，特殊时期服务更要尽心尽责
163	抗疫第一线，东方航空客舱部女神姐姐站成墙
169	**四、抚慰心灵**
170	大事记
172	武汉心理报告：有四类人最需要帮助
180	抚慰心灵的"伤"
187	口罩背后，文艺依旧
194	朱洁静起舞《晨光曲》，"云课堂"陪伴上海援鄂医疗队度过隔离期
198	奥运冠军徐莉佳英国"居家抗疫"，传递体育精神
203	吴佩芯：开音乐处方的志愿者
206	90后护士，用治愈系画作记录雷神山医院感人瞬间
213	你们保护世界，我们呵护你
221	**致敬上海援鄂医疗队中的1089位巾帼英雄**

一

最美逆行者

  一位住院 30 天后出院的患者向医护人员深情表白:"说星星很亮的人,是因为你们没有见过护士的眼睛、医生的眼睛,她们给了我莫大的希望。"
  厚重的防护服、艰苦的新冠肺炎治疗和护理工作,没有压垮女性医护人员看似柔弱的肩膀,她们用最大的韧性和勇敢,与死神抢生命。

- 大事记 -

1月20日 国家卫生健康委组织高级别专家组召开记者会,组长钟南山代表专家组通报"有人传人现象"。
上海确诊首例新型冠状病毒感染肺炎病例。

1月23日 武汉疫情防控指挥部发布1号通告,10时起机场、火车站离汉通道关闭。
复旦大学附属中山医院重症医学科副主任钟鸣驰援武汉。

1月24日 上海确诊的第一例新型冠状病毒肺炎感染者康复出院。
首批来自上海52家医院的135名医疗队组成的上海医疗队出征武汉,其中医生38名,护士93名,院感人员4人。
海军军医大学医疗队150人紧急驰援武汉。

1月27日 上海市卫健委为第一批援鄂医疗队补充了50名护理成员,浦南医院副主任护师李晓静带队出征。

1月28日 由上海多家医院的医护人员组成的第三批支援湖北医疗队出发,1月30日正式接管武汉市第三医院的两个普通病区和一个ICU病房。

2月4日 华山医院和东方医院派出的紧急救援队出发抵武汉,建起方舱医院。

2月7日 按照国家卫生健康委统一部署,复旦大学附属中山医院副院长朱畴文带队的中山医院136人医疗队,出发前往武汉投入医疗援助。

| 2月9日 | 由复旦大学附属华山医院医护人员组成的214人援鄂医疗队、上海交通大学医学院附属瑞金医院组成的136人医疗队,以及上海市医疗急救中心组建的第一支援鄂医疗队出发。 |

| 2月15日 | 第四批国家中医医疗队陆续抵达武汉。上海市派出122名队员,主要来自上海中医药大学附属龙华医院、曙光医院、岳阳医院和上海市中医医院,主要任务是在雷神山医院开展医疗救治工作。 |

| 2月17日 | 上海交通大学医学院附属瑞金医院新冠肺炎病因诊断专家组踏上征程。 |

| 2月19日 | 来自仁济医院、第一人民医院、第五人民医院、第六人民医院、第七人民医院和杨浦区中心医院6家医院的513名白衣战士集结出征,支援雷神山医院。 |

| 2月21日 | 上海第九批援鄂医疗队集结出发。这支队伍由49位心理学专业医师和1名护士组成。他们分别来自上海市精神卫生中心及全市各区级精神卫生中心、综合性医疗机构等单位。 |

| 3月18日 | 上海1649位"最美逆行者"陆续返沪。 |

最早驰援武汉的医疗队，来自上海

危难之时，医护人员用职业精神与信仰，照亮灰暗。

全国各地医疗机构和军队医疗系统共派出4万多名医护人员驰援武汉和湖北其他地区。其中，除夕夜到达武汉的上海援鄂医疗队，是最早抵达武汉并投入救治工作的医疗队之一。

2020年2月2日下午，上海市委书记李强视频连线上海支援湖北武汉抗击新型冠状病毒感染的肺炎疫情的医务人员。李强分别与第一批援鄂医疗队领队、市第一人民医院副院长郑军华，1月27日赴武汉的援鄂医疗队领队、浦南医院副主任护师李晓静，第二批援鄂医疗队领队、瑞金医院副院长陈尔真等进行了视频连线，详细了解医疗救治进展、物资后勤保障，关切询问日常生活工作还有什么困难。

李强说，医者仁心、大爱无疆。你们是最美"逆行者"，是全市人民的骄傲。

一、最美逆行者

秒回倡议，最可爱的医护人员们

"刘晓芯！快过来！有很急的事情！"1月23日（小年夜）下午4点30分左右，上海市胸科医院护理部办公室门口，响起分管医疗的副院长侯旭敏的声音。胸科医院护理部主任刘晓芯如今回忆起来，仍然清晰地记得话音中的急促。"她肯定是觉得打电话来不及，直接来护理部和我说。"

新冠肺炎疫情发生后，上海市胸科医院全员动员应对疫情，刘晓芯这天下午刚刚结束一场跟疫情应对有关的会议走出会议室。"领导说，上海市卫健委要组建援鄂医疗队，胸科医院要召集6名护士赴武汉，马上把倡议发给大家，半小时内组织好人员。"侯院长说。

对于赴武汉支援，医护人员们其实早有心理准备——无论是非典疫情还是汶川地震，上海的医护人员都表现出高度的职业奉献精神。但第二天就是除夕，医院一些病房都已经没有患者，部分护士已经回家休息，能不能半小时得到大家的回应，刘晓芯不太确定。

刘晓芯把倡议发到了微信工作群，没想到1分钟不到，就得到了好几个"秒回"。"主任，我报名。""我想去，让我去吧。"护士们真切的回复，让刘晓芯非常感动。不到半小时，报名的人数已经远远超过了需求人数。最终，在考虑专业、临床经验等因素后，胸科医院确定了6名支援武汉的护士，到2月6日，已经有4人在武汉的两家新冠肺炎定点医院隔离病房工作。"我们去的护士都有重症护理的经验，到了武汉她们都在ICU护理病情最重的患者。"

其实，发生在胸科医院的这一幕，这些天在上海派出援鄂医疗队的各家医院里一遍又一遍地重复。正是因为医护人员的踊跃报名，倡议发出后不到一天的时间，上海第一批援鄂医疗队一百多名队员就整齐地集合在虹桥机场。

两批医疗队，去了不少经历过非典、汶川地震救援的"老将"。1月28日大年初四，第二批上海援鄂医疗队从上海出发抵达武汉，医疗队148名队员受命支援武汉市第三医院。陈尔真是瑞金医院分管医疗的副院长，2003年，是他将上海首例SARS病人从瑞金医院护送到传染病医院。汶川地震最前线，他也曾救治过地震伤病员。他说："我觉得自己非常合适到一线去，也非常迫切在疫情爆发时到一线去，参与到这次防疫攻坚战中。"为了不让家人太担心，陈尔真在出发前最后时刻才告诉家人这个决定，"无论如何他们都会支持我，因为他们知道这是一个医生的使命与担当"。

上海市第十人民医院骨科康复护士许虹，是医院里第一个报名参加医疗队的。她有20多年的工作经验，在重症监护室和呼吸科工作过。让许虹感动的是，她经常光顾的超市老板得知她要去武汉，半夜给她打电话，要给她送口罩。

90后不辱使命，站在最前线

1月26日，第一批上海援鄂医疗队接手武汉市金银潭医院，当天晚上，第一班护士在隔离病房工作8小时，走出病房脱下防护服，女孩子们冻得发红的双手，看了让人泪目。电视新闻镜头中的

一、最美逆行者

3个年轻护士,来自上海市中医医院,其中两位80后,一位出生于1994年。因为病房特殊情况,不能开空调,她们穿着密闭但不保暖的防护服,不吃不喝不上厕所,忙碌了整整一夜。

上海援鄂医疗队,到武汉承担了大量危重病人的救治,上海抽调了专业技能最强的业务骨干增员,很多年轻的护理人员主动请战,迎接这一场充满危险的战役。

2月2日下午,第二批上海援鄂医疗队正在宾馆休息的几位护士,剪掉了一头秀发。许多护士平时也是"美妆达人""时尚先锋",理发前大家说好了不哭,但随着咔嚓一声青丝落地,有几位护士还是没忍住眼泪。

1996年出生的同济大学附属东方医院赵清雅,在出发武汉前自己剪掉了长发。1月31日,赵清雅完成武汉三院第一天的工作后,她写下日记:"有位阿姨(患者)告诉我,她特别害怕,她拉着我的手叫我不要走。当时心里特别难受,她该有多痛苦,才会拉着我的手。我安慰着她,等她缓解后,我要求她吃点饭,增强免疫力,才能赶紧好起来。在我的帮助下,吃一口饭,带一会呼吸机。看到剩下的一点饭菜,我很开心,她的努力,就是我们前行的动力。"

正在武汉救治病人的上海医疗队员们,以及留守在上海、各家医院担任诊断、治疗新冠肺炎患者的医生护士们,他们,也是孩子的母亲、母亲的孩子,但他们凭借超乎常人的勇气和担当,出现在最危险的抗疫第一线。

(黄 祺)

疫情中,致敬你们

致敬老师,沪鄂两地共奋战

在上海市第一人民医院,有一对并肩而战的师徒,在沪汉两地分别坚守,冲在抗疫第一线——上海市第一人民医院呼吸科学科带头人周新教授作为上海第一批援鄂医疗队医疗组组长,带领一百多位上海医护工作者进驻武汉金银潭医院,救治危重病人;他的学生、呼吸科主任张旻则在上海市第一人民医院坚守岗位。17年前,作为上海医疗队的成员,张旻曾赴金山公共卫生中心参与过SARS救治任务,同一时刻,周新则作为抗击非典专家组成员参与救治;17年后,师徒二人再次分赴两地抗疫。

张旻:20多年前,我刚进医院,周新老师担任了我的硕士生、博士生导师,在他的培养下如今我也成了博士生导师。他在日常工作中言传身教,十分敬业,尤其是在危难时,总想冲在第一线。前些日子,上海市公共卫生临床中心需要支援,我报了名,然后把这个消息告诉了周老师,他不同意,说:"你孩子还小,我没有负担,我去吧。"

上海援鄂医疗队的召集令也紧接而来。周新老师既是上海市的重要专家,还考虑到年纪关系,我们都觉得他留在上海更好。但周老师很坚决,一肩挑起医疗组组长的重任。

致敬丈夫,相隔17年同在最前线

海军军医大学附属长征医院重症监护室主任、急诊重症医学科李文放教授,除夕夜奔赴武汉,正战斗在抗疫一线最危险的地方。2月3日,李文放教授和海军军医大学医疗队队员们以及军队其他抽组力量一起,承担火神山新冠肺炎患者的救治任务。

而17年前,李文放教授的妻子张英作为长征医院的一名医护人员,随医疗队出征北京小汤山抗击非典,在那里工作了40多天。张英1992年入伍,2014年退役,曾是长征医院骨科护士长。17年,从小汤山到火神山,这对夫妻践行着医生的职责和军人的使命。

张英: 文放,到武汉已经快十天了,我们每天视频通话聊得最多的就是你在武汉的工作情况。从一开始的千头万绪,到现在的有条不紊,我真的为你感到骄傲和自豪。

17年前我们在小汤山抗击非典,每个队员都牢记:保护好自己才能救治病人,防护工作始终是重中之重。最后我们60多名队员,经过40多天的努力,以实际行动实现了医护人员零感染,最终取得了抗击非典的胜利。如今,武汉疫情还在扩散,情况不容乐观,但是我相信有正确的领导、有科学的防控、有精良的技术，你们必将不辱使命、消灭疫情。

你安心工作，不要担心家里，父母还有两个宝宝我都会照顾好。我们爱你！

致敬患者和市民：理解是最大的支持

新冠肺炎疫情发生后，不仅仅是武汉，全国各地的医疗机构都进入了"非常状态"，为了防止交叉感染的发生，设置发热门诊的医疗机构一线医护人员纷纷放弃休假加班加点工作，非常辛苦。

这些天，上海交大医学院附属瑞金医院，获得了上海市民最暖心的"投喂"。

网红汉堡、奶茶、各大品牌的咖啡、超大颗的车厘子，甚至还有大闸蟹，瑞金医院被热情的上海市民变成了美食聚集地。

实际上，从春节前开始，瑞金医院、仁济医院、嘉定区中心医院、第一人民医院、中山医院、龙华医院等抗疫一线的白衣天使们，都收获了同样热情满满的"投喂"。

瑞金医院的病房里，是另一幕暖心的场面。在瑞金医院感染留观病房度过了异常煎熬的3天后，1月24日，36岁的发热患者李女士最终被告知"排除新型冠状病毒感染"。出院时，李女士难掩感激之情，向瑞金感染科医护人员深深地鞠了三个躬。3天时间，李女士与这群医护人员朝夕相处，虽然看不清他们的脸，认不出他们是谁，但是在最为无助的时候，是他们给予了力量和勇气，让她

一、最美逆行者

终身铭记。

大年初一凌晨,瑞金医院呼吸科的值班护士收到了匿名市民送的外卖,只在订单上留言:"请给护士小姐姐,她们真的辛苦了,除夕快乐!"

值班护士:那一刻,我的心里充满了暖意,感谢不知名的好心人对我们工作的认可和加油。面对病毒,我们不是一个人在战斗,相信新的一年,一切都会更好。

致敬父母:我不是"倔",是要担起责任

90后的谢亚莉已经在上海市第六人民医院呼吸内科工作了8年,积累了丰富的呼吸道疾病的诊治经验。这次前往武汉支援的消息,她并未告诉安徽老家的父母,怕远在异地的父母为自己担心。但是因为新闻报道和朋友圈的转发还是被父母知道了。

"妈妈为此还落了泪。为安抚他们的情绪,我抽空和他们视频了一会儿,减少了父母的担忧,他们再三嘱咐我注意身体,对我的工作表示支持。经过一天的培训与休整,我原本紧张的心情也渐渐平复,等着随时进病房,投入战斗状态!一场没有硝烟的战争已经打响,我将在抗疫一线做出自己微薄的贡献。"

谢亚莉:爸爸妈妈,我的选择,就是我喜欢的生活——这是我跟你们说得最多的一句话。自从我有自主选择权以来,我为自己做出了人生中所有重要的决定,都是事后才告诉你们,包括这一次支援武汉。

爸妈，女儿想对你们说，我不是"倔"，只是作为你们的女儿，想要一分一分地减少你们的担心和挂念。替你们分担我们整个家的责任。爸妈，请宽心！请你们相信：因为优秀，敢于选择。支援武汉是女儿人生中意义重大的决定，同样意义非凡！我一定平安归来，等我！

致敬誓言，义不容辞就地投入工作

1月29日，上海交通大学公共卫生学院收到一封特殊的"请战书"，学院高级实验师邱红玲志愿申请加入钟南山医学基金会在湖北黄冈进行的新型冠状病毒快速筛查工作。

邱红玲的家乡是湖北黄冈，此次疫情程度仅次于武汉地区。她寒假返回家乡和家人团聚，突如其来的疫情让整个湖北乃至整个中国都进入了紧急状态。

作为一个同时从事过呼吸道病毒研究及致病微生物检测产品研发，并曾在钟南山院士实验室工作过的科研人员，邱红玲时刻关注疫情发展。她得知钟南山医学基金会成员携带相关检测仪器、试剂及防护物品，将志愿协助黄冈市疾病预防控制中心建立临时新冠核酸检测点，但面对庞大的检测样品，检测专业人员十分匮乏。

邱红玲第一时间与相关团队取得联系表达了参与的意愿，一封言辞朴实但真挚感人的"请战书"也发送到了公卫学院。当天下午5点邱红玲投入了紧张的工作中，协同当地疾控中心建立新型冠状病毒快速筛查体系，实现采样体系规范化和检测方法规范化，扩大

一、最美逆行者

筛查面，为疫情防控所需的"早发现、早诊断、早隔离、早治疗"提供支持。

邱红玲：作为专业人员，我对病毒检测流程及防护十分熟悉。面对疫情高发的紧急状况，我应该义不容辞地站出来尽一份力，参与到抗击疫情工作中去。

致敬青春，1994年生上海姑娘没有叫苦

吴怡颖是上海市中医医院护士，作为首批上海市援鄂医疗队队员已经在武汉金银潭医院工作了十多天，第一天从夜班病房出来，手被冻得通红。休息的时间，吴怡颖写下了自己感悟，这个年轻的上海姑娘，用行动致敬自己的青春。

吴怡颖：

2020年1月30日

今天是来武汉支援抗疫的第5天，晚上8:00到凌晨2:00的班，白天在酒店休息。武汉的温差很大，昨晚8点去接班时穿多了，我们热得都透不过气，因为没有靴套，病房里穿的是雨鞋，雨鞋鞋底很薄，6小时班上下来，脚底和小腿酸疼得厉害。

病人很配合护士工作，有些病人不能下床大小便，要我们帮忙垫便盆，擦屁股，他们会觉得不好意思，一直说："麻烦你了。"下班回宾馆路上特别冷，手都冻僵了，回酒店洗洗弄弄将近4点了。

2020年1月31日

今天是来武汉支援抗疫的第6天,凌晨2点到早上8点的班。白天,领队老师召集开会说了一下现在的情况,物资紧缺。领队和我们讨论排班,大家都倾向于4小时一档班,但是这样物资消耗又高了。最后,大家都同意不能减少病房上班人员,因为病人病情真的都挺重的。病房里各种事都需要护士做,端屎端尿,喂饭喂药。

领队老师最后说,有意向入党的可以去交入党申请书。吃好饭回房间,我立马把入党申请书写好了,等着明天下班送过去。

2020年2月1日

今天是来武汉支援抗疫的第7天,凌晨2点上班。病区没有保洁人员,收垃圾的师傅早上5点左右来收垃圾,病人产生的垃圾都需要我们收拾,琐碎的事情太多了。

我负责的病人,有3位是清醒的,有一位接受高流量吸氧支持治疗,插尿管、嗜睡。清醒病人我要关注他们水杯里的水有没有喝过,喝过了要记量,再加满。尿壶里如果有尿要及时倒掉、记量。每小时要记录一次心电监护数据,每4小时给患者量一次体温,早上大概5点半左右抽血和做咽拭子、肛门拭子。为了防止被外界污染和感染外界,标本都要包两层塑封袋,包一层用消毒喷雾喷一下。

病人抽好血就准备发药喂饭了。嗜睡病人年纪大,情况不容乐观,早上我喂了他一碗粥,一点鸡蛋,鸡蛋掰成一小块一小块喂到嘴里,吃两口再喂点水,将近喂了一个半小时。

一、最美逆行者

致敬武汉人民，我们一起共度时艰

上海市同济医院呼吸与重症医学科护士长惠蔚，除夕夜随第一批上海援鄂医疗队抵达武汉。和众多医疗队员们一样，惠蔚正在家吃着年夜饭，手机提示音响起，是医院通知她和刘瑞麟副主任医师立刻整理行李准备出发的消息。

当上海医疗队抵达武汉后，尽管已经是深夜，当地医护人员和市民还是热诚地迎接这些千里驰援的上海医护工作者。刚到宾馆，惠蔚就看到了堆放在宾馆大堂里的食品。包装上的留言是："你们是武汉人民的英雄，绵薄之力感谢你们的无私付出，请保护好自己。"

这是热心市民提前送到宾馆的慰问品，里面有面包、蛋糕、饮料……

惠蔚：我们所到之处总能听到"感谢"声，我们真切地感受到武汉人民深深的谢意。

（黄　祺）

援金银潭医院医生查琼芳：
她看到的武汉不一样

从除夕到疫情渐缓的3月31日，她身在武汉新冠肺炎疫情"风暴中心"的武汉金银潭医院，援鄂68天，写下67篇日记，记录下医院内外病人、医护人员、清洁工、志愿者、社区工作人员等等人物的真实经历——她，就是全国最早到达武汉的援鄂医生之一、上海首批援鄂医疗队中少有的女医生、上海交通大学医学院附属仁济医院查琼芳。

4月20日，上海交通大学医学院附属仁济医院隆重的援鄂医疗队员回家仪式上，由仁济医院主编、查琼芳医生撰写的国内首部援鄂医生日记《查医生援鄂日记》正式首发。

一、最美逆行者

查琼芳医生说,写日记最初的动机非常朴素,仅仅是"做工作记录""向医院汇报前方情况""缓解自己心理压力"等等。但没想到,一天不落写下的日记,最终成为一段特殊历史的真实记录,为"新中国成立以来,传播速度最快、感染范围最广、防控难度最大的重大突发公共卫生事件"留下珍贵的史料。

最真实的新冠患者救治记录

2月15日这一天,武汉有确诊病例35314例,其中重症病例8530例。当时,查医生说她最大的愿望是摘下口罩。

1月31日查医生的日记中写道:

凌晨2:30左右,我们组的5床病人,一名50多岁的女性出现了血压下降,我们赶紧处理,所幸病人最终好转,我们也松了一口气。情况稳定后,我想休息一会儿。担心病人再有情况发生,我戴着口罩,穿着厚重的棉大衣,坐靠在办公室的椅子上。这是我人生第一次体验戴着口罩睡觉:在安静的环境下,能清晰地感受到我的每一次心跳和呼吸。我的心跳很快,呼吸有点累,因为每一次喘气都需要费力。我想到那些躺在病床上的病人,只要意识清楚的,他们该有多痛苦啊。恍惚之间,我特别想念不戴口罩自由呼吸的日子。

查医生这一批援鄂医疗队,经历了疫情早期病人病情重、死亡率高、防护物资紧缺的重重困难,至今回想,查医生仍是感慨万千。

日记中记录道：

下班时，外面天已经黑了。回到酒店，赶紧吃饭，晚饭只供应到晚上6∶30。十几个小时我只吃了一顿早饭。我觉得自己就像一只骆驼，在食物和水充足的时候补充大量水分和食物，储存在身体里，在需要的时候就把这些储存的能量利用起来。

昨晚睡眠很不好，12点才刚刚入睡，之后基本每两小时醒一次，看样子又要适应几天的碎片化睡眠了。全季酒店的设计很像迷宫，我的房间位于"迷宫"深处。房间很冷，在院感老师没有搞清楚酒店空调的通风系统之前，我是不敢开空调的，因此，我感受到了久违的寒冷气息。在被窝里瑟瑟发抖，靠骨骼肌的运动产生热量，度过了春天到来后的第一个倒春寒。

对病人深深的同情，贯穿着查医生援鄂的68天。2月4日的日记中，查医生写道：

我们的5床走了，走得很快，当听到电话那头家属哽咽的哭声，我们心都要碎了。60岁的女性，直肠癌手术后感染了，没有死于癌症，却被这可恶的新冠肺炎带走了生命，电话那头的她的丈夫哭着问为什么、为什么。可是他住在另一家医院，也被隔离了，无法来见她最后一面，他俩的女儿女婿在杭州，也无法赶来，最后只能委托一位亲属帮忙办理相关的事情。在这场新冠肺炎疫情中，有多少家庭经历了这种伤痛啊！

查琼芳医生是直面恐惧、勇敢逆行的医护群体的缩影，正是抱着对患者的同情、对职业信念的坚守，他们才会无畏前行。

查医生现在的愿望是什么？她说，回到上海，她问6岁的有

一、最美逆行者

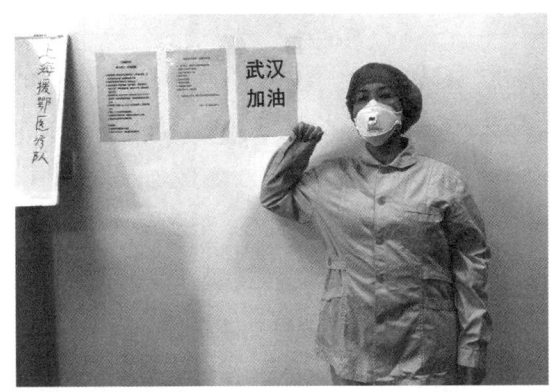

有长大后愿不愿意做医生。有有回答她：不想做，因为新冠肺炎太可怕了。查医生说："等过段时间我再跟她说说，我要告诉她做医生真的很伟大。"

有有是查医生外甥女的女儿，这个寒假，有有每天用画笔为小舅婆婆写日记，聚成了一本特别的手绘版日记。查医生如今的愿望，是帮6岁的有有树立当医生的理想，这个愿望可能比摘口罩难实现一点，但查医生准备"锲而不舍"。

献给每一个平凡人

历史是由每一个人组成的，查医生的日记中，还留下了新冠肺炎疫情中武汉更多的普通人的身影。——他原来在公司上班，后来金银潭医院招募志愿者，他就报名了，一个月前来到医院。

他做的事情主要是收医疗垃圾，打扫卫生。我问，"你进隔离病房吗?"他说,"要进去收垃圾和医疗废物。"问他害怕吗?他很腼腆地说,"第一天进去的时候怕,后来就不怕了。"问他,"还回家吗?"他笑了,不能回去,住酒店,吃盒饭,每天来工作就是他们现在的生活状态。感谢武汉的这些志愿者,在金银潭医院缺乏工勤人员的时候挺身而出,不畏风险,他们都是无名英雄。

中科院院士、上海交大医学院院长陈国强为《查医生援鄂日记》作序。他写道:查医生是上海第一批援鄂医疗队里交医系统唯一的女医生,两个多月来,我在感动、担忧甚至哽咽中为数批上海交通大学医学院的援鄂医疗队送行,更通过微信朋友圈关注在湖北、在武汉"玩命"的援鄂战友,那种"去留肝胆两昆仑""不破楼兰终不还"的大无畏精神,可歌可泣!

《查医生援鄂日记》通篇没有宏大的叙事,只有每天的日常,而就是这些医护人员、警察、社区工作人员、货车司机、公交司机、志愿者司机、快递员普通人的日常,一点一滴拼出了中国阻击新冠肺炎疫情的路线图。

没有一个冬天不能逾越

尽管查医生这支援鄂医疗队是上海最早出发、援鄂时间最长、最少思想准备的一支队伍,是最少有成熟经验参考、早期最缺防护物资和防护条件的一批人员,但查医生从未放弃在寒冬中寻找暖阳。

2月14日情人节,查医生记下了病房里的一对老夫妻:

我们重症病房有一对夫妻,15床和6床,同时感染了新冠肺炎,住进了隔离病房。15床的妻子病比较重，需要无创通气；6床的丈夫症状相对轻，吸氧就可以了。胆小的15床时刻都需要人作陪，夜间由护士作陪，连上厕所也叫护士站在门外，白天则是6床患者多次过去相陪。今天是情人节，两人坐在一起，虽然没有鲜花，但是一人手捧一个苹果，无比虔诚地请我们的护士帮他们拍了一张合影。我想，等他们出院了，他们会永远记得今天这个特殊的情人节。

遇到困难时，查医生也不忘用幽默给自己打气：

40多岁的病人出现了自发性气胸，右肺压缩了80%，给他放置胸腔闭式引流。肺张开了，胸引管也拔了，没过几天，病人又出现了气胸，接下来就是我在隔离病房的第一次独立操作，800毫升的气体是我一针筒一针筒抽出来的。记得当时我一边抽一边想，"姐抽的不是气体，姐抽的是新冠病毒！"这种穿着隔离服操作的艰难和浑身闷热汗湿的感觉我会记住一辈子。

查医生的日记，像一块重要的拼图，为我们还原了武汉新冠肺炎疫情最艰难时刻的样子。

除夕夜，查医生是从吃了一半的年夜饭饭桌旁起身赴武汉的，4月18日，这顿没有吃完的年夜饭，终于补上了。

没有人生而无畏，只是有的人选择勇敢。回到上海、回到平静生活的查琼芳医生感慨万分，她说，我们都是平凡的人，可是我们都有勇气！感谢饱受创伤却依然心怀感恩的武汉人民，希望他们以后的日子一帆风顺。

（黄　祺）

女性的力量 \ 中国抗疫战中的上海女性

治愈百岁新冠肺炎老人，市一急诊危重病科主任王瑞兰回忆武汉55天

4月5日，第三批上海援鄂医疗队终于结束了隔离期，回到了牵挂的家人身边。根据相关安排，逆行的白衣战士们将至少在家里休息一周后再回到自己熟悉的工作岗位。

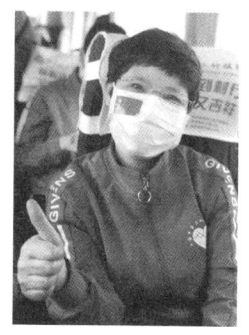

不过，对于上海市第一人民医院急诊危重病科主任王瑞兰来说，接下来的一周她并没有打算用来当做假期。"正好趁这个休息的时间，把手头上没做完的事情全部做完。"其实，隔离的两周时间，王瑞兰的每一天也是被安排得满满当当，写总结、读文献、写论文、申请项目、参与网络学术会议……用她的话就是，"天天做不完

的事情，时间太不够用了。"

这个一门心思扑在工作上的中国最美女医师，不论何时何地，不改敢闯敢拼的巾帼之风，在她看来，作为医生最大的幸福，就是自己救治成功的患者，笑了。

武汉三院里的"上海经验"

3月16日，由上海医疗队和武汉三院共同救治的一名103岁老人痊愈出院，让大家格外兴奋。老人出院时，三院医护人员手捧玫瑰花，还为她穿上了新袜子，祝贺她顺利战胜了病魔。

负责这名老人治疗的医生王瑞兰说，3月3日来了一位103岁的老人，"这位老太太是典型的无症状感染者，没什么症状，但做了三次核酸检测都是阳性，因为有心脏方面的基础疾病，所以被送进ICU（重症监护室）病房里观察治疗。"

老人是新冠肺炎的易感人群，也更容易转成危重症，考虑到这名老人103岁的超高龄，整个医疗队严阵以待。不过让王瑞兰松了一口气的是，当时检查结果显示，病毒没有进一步侵袭老人的肺部和肝肾，因此，医疗队选择了保守治疗，没有用更多的药物，重点加强监测。不过老人年纪大了，就像孩子一样，不配合治疗，沟通特别需要用心。

作为医疗组里唯一的女性，王瑞兰充分发挥着自己独特的优势。每次查房，她都和老太太积极沟通交流，老太太就认准了王主任，特别听她的话。为了让老人营养跟得上，三院医生还给她做稀饭做汤羹。医院提供的饭菜太硬，老人家吃不动，有空的时候，王瑞兰还会亲自给老太太喂食，"医疗队里我的年纪比较大，所以她可能更认可一些"。

在所有医疗队成员的精心呵护下，13天后，这名103岁的老太太终于好转痊愈，年龄如此之大的新冠肺炎患者出院，还破了当地医院的纪录。据悉，老太太在康复患者隔离点接受医学观察14天后，健康地回到了养老院。

医疗队到达武汉市第三医院后，根据统一部署，王瑞兰被分入了ICU医疗组担任副组长，在第三医院光谷院区，王瑞兰所在的医疗组负责35个ICU床位，在武汉的55天里，接诊了109例重症及危重症新冠肺炎病人，其中70多例病人重症转轻，还有9例病人顺利出院，目前回到了家中。

在病毒性重症肺炎领域，王瑞兰积累了10多年的临床经验。2009年，王瑞兰团队曾成功救治上海市首例H1N1甲型流感重症患者。到了武汉以后，她也把自己在上海的救治经验带到了武汉。

新冠肺炎的重症病人，往往有呼吸窘迫的困扰。"在上海，我们会对血氧饱和度不高的患者进行俯卧位通气，可以改善其氧合指标。"到了武汉后，面对部分氧饱和度始终低下的患者，王瑞兰为其做了评估后，也为他们施行俯卧位通气治疗，有效地改善了患者的缺氧情况。

俯卧位通气治疗法原先只应用于那些上了呼吸机的患者，不过此次在武汉，王瑞兰主任还创新性地将其应用于那些没有上机但是缺氧的病人，"有一名病人缺氧还是比较严重，但他意识还清醒，

一、最美逆行者

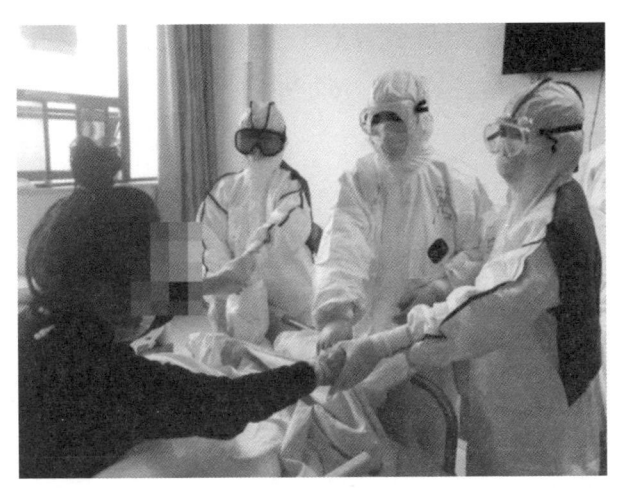

也能配合我们进行治疗,于是没有上呼吸机前,我们就请他配合进行俯卧位通气,发现治疗效果也很好。

后来,我们又在几位类似情况的病人身上做了治疗,肺部情况均有改善。我们已经把这一发现撰写成文,投到了相应的期刊,对方也很快接收了。"王瑞兰治疗后第一例出院的病人,目前双肺病灶已经完全吸收,恢复得非常好。"她是我们刚到武汉的时候就接手的重症病人,治疗了一个多月后我们彼此都非常熟悉,就像亲人一样。记得出院那天,她拉着我们的手久久不愿放开,我们特别感动,也很自豪。"王瑞兰回忆。

在武汉三院,有人这样评价王瑞兰,说她既在做主任的工作,又干住院医生的活儿,还经常给患者拍背,一人身兼多职,样样做得出色。不过王瑞兰说,这只是自己的职业习惯,"你就希望这些病人能好,所以你就会想尽一切办法,对吧?"

攻坚克难,一切为了病人

王瑞兰出发的那天,是大年初四。在此之前,她就已经接诊过一名来自武汉的新冠肺炎疑似病例,这名病人的检测结果出来前,王瑞兰就受到召唤,集结赶赴武汉,"我是主动报名要求去武汉支援的,我本身搞重症肺炎,又是科主任,不需要思考。这既是本能,也是职责所在"。

尽管在病毒性肺炎领域深耕多年,来武汉之前也进行了充分的心理建设和准备,但真正到了武汉,这里发生的一切还是突破了她的想象。"一开始遇到了设备短缺的问题。因为病人太多,用于治疗的呼吸机和氧气都不够。"

为了解决氧气供应的问题,王瑞兰所在医疗组和当地医院做了沟通,一开始由医护人员搬运氧桶到11楼,同时医院方面又紧急建立氧站,在1楼把原来的急诊抢救室临时改建为ICU病房,既增加了ICU床位,又解决了病人的供氧问题。

"当地呼吸机非常短缺,当时购买也困难。而且呼吸机的型号和我们在上海使用的有所差别。"为了解决这一困难,王瑞兰一边联系呼吸机,一边对现有的呼吸机做了改装,"比如把有创呼吸机中原来不用的无创模式调整出来,总之怎么对病人更有利,我们就怎么改。"另一方面,虽然上海医疗队的防护物资准备相对充足,

一、最美逆行者

但一些小部件也遇到短缺,鞋套不够拿塑料袋顶上,一次性手套太薄就多戴几层。

"我们每次接触完病人后都要消毒,但因为手套比较薄,酒精还是会透过手套进入皮肤,很多医护人员的手因为长期浸泡在酒精中,都裂开了。"有的时候病人需要紧急插管,这种情况下医护人员的暴露风险是很高的,但情况紧急,我们也冒着风险给病人抢救。"相较起病人的离世,条件艰苦些我们都能接受,一切为了病人。"

在武汉,王瑞兰把每一分钟用到了极致。

"每天早上6点起床,7点15分从酒店出发,7点40分开始一天的工作,每天工作大概在10个小时以上。回到酒店后,吃好晚饭我会看看新的文献,想想手上的病人是否还有什么办法可以救治,读完文献再把今天的工作做个总结,就到晚上11点了。我会准时上床睡觉,因为我一定要保证第二天有足够的精力"。

"当地人告诉我们,我们居住的酒店原本是当地繁华的商业街,但每天我从酒店的窗外看出去,都是空荡荡不见人影。武汉人民为了战胜病毒,付出了太多,我们能做的,就是帮他们一起尽快赢得这场战役。"王瑞兰说,对于病毒的认识是循序渐进的,尽管我们仍然有很多病毒知识的盲点,但现在我们的治疗手段和救治成功率都在不断提升,"每一个病人都有其个性化的治疗方案。我们发现,在治疗的康复期,服用中药的病人似乎好转速度会更快一些"。

除了治疗身体上的病痛,王瑞兰还非常重视病人的心理健康。"我们病房的很多病人,家里人也都感染了,所以他的心里会有些恐惧。有的时候，病人的胸闷、心跳加快，可能是因为他本身的焦虑紧张，所以你跟他聊聊天，给他心理上的安慰和鼓励也是非常重要的。这也是我一直跟科室年轻医生护士们强调的内容，我们要医身，更要医心。"

在科室里，王瑞兰总是跟年轻医生强调，想要当一名合格的医生，手上必须有过硬的技术。"比如这次疫情中，呼吸机如何使用，病人二氧化碳潴留如何解决，戴上几层手套如何做深静脉穿刺等等，都需要过硬的技术才能应对自如。"

事实上，此次疫情，王瑞兰麾下急诊危重病科的表现，可以说大大超出她的预期。"我们科室很多医生都参与到了这次疫情里面，有来武汉一线的，有去上海公卫中心的，还有在家里守着做好本院急诊发热门诊工作的。令我特别感动的，就是当疫情发生需要报名时，除了有客观原因的同事，几乎所有人都跟我请战了。而且目前来看，他们都把任务完成得十分出色，我为他们自豪。"

如今英雄归来，王瑞兰却还是一心都在工作上。这两天，她在隔离酒店跟科室成员们开了一个网络视频会，"现在国外疫情也很严重，我想征求他们的意见，如果国家需要我们援外，他们愿不愿意。"令王瑞兰既惊讶又动容的，一分钟不到，所有人都同意了。

回顾武汉的这段经历，王瑞兰说自己无怨无悔。"我今年54岁了，面对这样一种新的传染病，对我来说也是一种挑战。我在武汉的时候学到了很多新的知识和新的工作方式，还有武汉医生团队那种奋不顾身的精神，都值得我铭记终生。其实我们这些医护人员，只不过是换了一个地方上班，但武汉人民给我们的爱，我们每一天都能感受到，每一天内心都充满着感恩。"

  偶尔感到愧疚，是对自己的家人。她把原本应该给家人的时间，都用在了病人身上，"每天就在家人群里发一张照片保平安，实在没时间聊天。原本过年想回老家看一下老母亲，也因为疫情耽搁了"。"但看到自己救治成功的患者笑了，一切就都值得！"她说。

（周　洁）

儿科医院曾玫：
上海唯一儿童新冠肺炎病房里的故事

难得上海冬日艳阳，穿上白色毛茸茸连体衣的小齐齐，在阳光下变成了白白胖胖的一团小肉球，妈妈看到她难以抑制激动：宝宝都让你们养胖了。这一天是 2020 年 2 月 20 日，7 个月大的小齐齐被复旦大学儿科医院传染科病房主任曾玫医生抱在怀里，曾玫医生身旁的传染科病区护士长夏爱梅手里是一个米老鼠公仔，那是照顾小齐齐 17 天的所有医护人员送给她的礼物。

小齐齐，是上海市截至今天（3 月 5 日）收治的儿童新冠肺炎患者中最小的一名，她的治疗一直牵动人心，

出院这天，她也自然成为上海全城人关注的焦点。就要将小齐齐送回妈妈怀中，17天日夜照顾小齐齐的医护人员心中又是欣慰又有点不舍，曾玫医生动情地在小齐齐脸上亲了一下，而这一瞬间被《新民晚报》摄影记者捕捉到，照片刊登在当天的《新民晚报》头版上。

温情的一幕，通过报纸和新媒体，传递到上海市民面前，令全城感动。而这帧意味深长的新闻图片，也获得了上海市委书记李强点赞。大家看到的是温馨的一瞬间，但这一幕背后，为了收治儿童新冠肺炎患者，一家医院、一个团队、一群人在一个多月的时间里，还有很多很多值得书写的故事。

十年来首次，没有妈妈的隔离病房

视频里，小齐齐已经安静躺下，护士阿姨坐在小板凳上，戴着三层手套的手从婴儿床栏杆间隙中穿进去，轻轻拍打小齐齐，哄她入睡……

另一张照片里，小齐齐躺在穿着防护服的护士阿姨怀中，护士手里一手拿碗，一手拿勺，正在喂她吃辅食……

还有一张照片，画面中不是小齐齐，而是一名1岁多的小患者，双脚浸在脚盆里，护士阿姨正在给她洗脚……

复旦大学附属儿科医院，是上海市唯一一家儿童新冠肺炎患者定点治疗医院。医护人员有空的时候，用手机记录下隔离病房里的种种小细节，大家把这些画面发送给孩子们的爸爸妈妈，让他们安

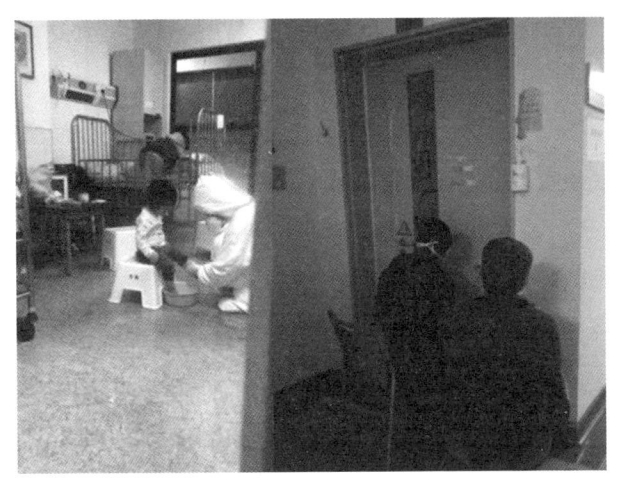

心。虽然这里是传染病科,但没有家长陪护的情况下治疗和照顾新冠传染病患儿,对于医护人员来说是十年来第一次经历,无疑充满挑战。

上海收治第一例新冠肺炎儿童患者,时间是 2020 年 1 月 19 日,当天晚上,一名 7 岁的孩子被他的妈妈带到儿科医院就诊,孩子曾经和爸爸一起到过武汉,回到上海后爸爸生病,他也被诊断为新冠肺炎患者(按照当时规定,确诊病例要由国家 CDC 复核后公布,因此小患者确诊公布时间不是 1 月 19 日)。

曾玫主任接诊了这位小患者,按照医院此前已经做好的收治新冠肺炎患者预案,启动了所有重大新发传染病防护措施,孩子从专门的通道转入病房。传染科病房几天前也已经完成了调整，孩子被收入病房，妈妈立即接受了防护培训，一起住进一间独立的隔离病房。

这位妈妈非常理解医护人员，她总是说：我尽量自己多照顾孩子，你们护士少进来。几天后，考虑到陪护家属密切接触有可能被感染，医院要求所有新冠患儿不陪护，由医护人员24小时陪护患儿。

这也是一个不得不做的决定——很多患儿的家人都已经感染，成人患者必须到上海市公共卫生临床中心隔离治疗。这是十年来第一次出现传染病隔离病房患儿没有家长陪护的情况。

常见的儿童传染病一般不会传染给成人，2009年后，为了给儿童患者更好的人文关怀，医院开放了传染病病房的家长陪护。但随着疫情的进展，从相关法规和降低交叉感染风险出发，孩子单独隔离治疗的措施在取消十年后重新启用。

曾玫主任介绍说，从目前收治的新冠肺炎儿童患者情况看，儿童患者都是轻症，因此救治难度相对比成人重症患者要小一些，但隔离病房中的照护压力则大很多。

对于幼小的孩子，病房里的医护人员，充当了妈妈的角色，但穿着防护服当好妈妈，却不是想象中那么容易。

小齐齐入院第一个晚上，离开妈妈的怀抱，来到陌生的环境，她哭闹了整整一个晚上。这个晚上，从未做过妈妈的护士一直抱着她安抚，两三天后小齐齐才逐渐适应。"我们90后的护士，自己还没有结婚，但当起临时妈妈却特别耐心。"有一段时间病房里两个孩子，一个是要抱抱的小齐齐，另一个是医生护士一靠近就哇哇大哭的 1 岁小朋友。

1 岁小朋友对医护人员的防护服特别恐惧，大家特意换了一款有点像修女服的防护服，但依旧没有减轻小朋友的恐惧感。"你一靠近她就害怕，她就大哭，你想给她喂奶，给她吃饭她都不要吃。这个时候作为我们护士来说，心里很崩溃的，又希望她赶紧吃点饭，但是我们一靠近她又哭，不要你的东西。好长一段时间后，小朋友才开始适应。"

这一天护士长夏爱梅在病房里照顾两个小朋友。她抱起小齐齐，转头发现 1 岁多的小患者在床上站起来扶着小床围栏。"我抱着小齐齐，怕 1 岁的小朋友摔倒，想去扶她，但她看到我过去又大哭。"夏爱梅笑言，体会了一把二娃妈妈的艰难。在儿科医院新冠肺炎小患者中，也有十多岁的大孩子。小宝宝需要 24 小时一刻不停的照顾，而年龄大一点的孩子，则需要操心生活细节和心理变化。

护士姐姐给小朋友跳舞缓解他们的紧张。隔离病房中，曾有两个 10 岁小姑娘住院，其中一个孩子送到医院时家人已经隔离，所有的生活用品都是医院后勤部门帮她买来的。后来，小姑娘需要小东西，都会告诉最信任的护士姐姐和护士长。"小姑娘么，需要橡皮筋啊，润唇膏啊，一次性内裤啊这些小东西，有时候想吃零食啊。我让她们写个清单，下班就去买好，第二天再给她们带到病房。"

大孩子更让人担心的是心理上的焦虑情绪。为了让孩子和家长安心治疗，夏爱梅加了大孩子和他们家长的微信，解答他们的问题。"有时候小姑娘晚上睡不着觉，11 点多给我发微信：夏阿姨我睡不着。"护士们要承担对这些大孩子的心理疏导工作。

一、最美逆行者

适当精准用药，收获儿童治疗上海经验

从1月15日开始为接收新冠肺炎患儿做准备开始，曾玫主任想得最多的，就是为新冠肺炎患儿提供最合理和适宜的治疗，达到理想的治疗效果。作为感染性疾病专家，曾玫主任在儿童病毒性传染病的儿童诊疗上，做了大量的研究，根据积累的知识和经验，本着科学的态度和人文关爱的情怀，曾玫主任与专家组讨论后，为患儿制定了一套精简又适用的儿童治疗方案。

曾玫主任说，孩子如果咳嗽明显，就吃止咳的药物，或者联合雾化吸入治疗，以缓解和改善症状，对于服药依从性好的儿童，给予中成药辨证治疗。上面的治疗方案，前提是对儿童患者病情密切的观察。

从所有出院患儿和正在接受治疗的患儿情况看，儿科医院传染病团队这一套个体化的适宜儿童的治疗方案，取得了很好的效果。除了治疗，诊断儿童新冠肺炎患者也是一个全新的课题。

曾玫主任说，特别是后期，有个别儿童患者的流行病学暴露史不明确，小朋友有症状但没有成人病例接触史或者家庭聚集发病，医生如何做到不漏诊病人，是挑战和责任。

曾玫主任介绍，迄今团队已经发表4篇学术论文，总结了儿童新冠病人的救治经验，为今后的儿童新冠的诊治和预防带来借鉴。此前，儿科医院团队结合第五版国家诊疗方案和世界卫生组织指南的基础上，经过组建多学科专家团队，制定儿童新冠病毒筛查和临床实践指南，这个指南于2月8日发表在学术期刊上，为其他地区儿童新冠肺炎诊治提供指导。

全国新冠疫情正在逐步缓解后，曾玫团队开始做前瞻性的研究。她表示，如果新冠肺炎未来在人群中长期存在，那么医疗机构必须要做好常年收治新冠肺炎患者的准备，预防和治疗上要做更多的研究，减少疾病对孩子健康的伤害。

儿科医院传染病团队，是国内有名的学术团队，每年不仅要接诊数量庞大的传染病患儿，还要收治疑难的感染性疾病患儿。作为感染性疾病专家，曾玫主任对团队在新冠肺炎疫情中的表现，也非常自豪。"我们这个团队平常氛围就很好，我们一直奉行以病人为中心，在这次不寻常的疫情当中，团队的表现更加英勇，而且更加默契。对我们来讲，很多年没有遇到孩子离开父母隔离治疗的情况，所以我们更要把小孩照顾好。我们医护人员最见不得孩子受苦。"曾玫主任动情地说。

（黄　祺）

一、最美逆行者

上海第二批援鄂医疗队(护理队)队长李晓静：疫情一线，每个护士都是"南丁格尔"

上海第一批援鄂医疗队出发2天后，按照国家卫生健康委要求，上海市卫生健康委紧急动员各区医疗机构组建以护理人员为主的医疗队。1月27日（年初三）晚，来自上海市各区医疗机构的医院护理人员共50人，紧急乘坐火车增援武汉，到达武汉金银潭医院经过岗前培训后的第一晚，护理队队员就开始轮班上岗，缓解护理工作压力。

全国各地派往武汉的4.2万余医护人员中，2.86万是护士，占医疗队总人数68%，他们在新冠肺炎患者医疗救治中发挥了非常重要的作用，而女性护士在整个护士队伍中占了绝大多数。

世界卫生组织总干事谭德塞就曾感叹，在阻止疫情扩散的战斗中，中国护士的表现令人感动，"护士们正在用努力和爱心从事他们所参与的拯救生命的工作"。

面对未知的勇敢者

1月27日上午，复旦大学附属闵行医院（闵行区中心医院）19楼病房的办公室变成了"临时理发室"。作为第二批驰援武汉的医护人员，闵行医院老年科"90后"护士刘文进在这里剪去留了8年的秀发。

之所以决定剪掉长发，是因为考虑到医疗一线每天都要洗澡消毒，头发太长不方便。春节期间理发店闭店休息护士长代劳成了理发师。"身为一名医务人员和基层党员，这是我的使命和担当，支援武汉，义不容辞。"刘文进笑着说。

一切为了患者，一切为了战胜疫情，护理队队长、上海浦南医院护理部副主任护师李晓静对这句话有着切身感受。"我们是第二批过去的，当天到了以后，下午做了必要的培训，当晚就有护士进了病房值夜班。"

冬天的武汉温度很低，疫情之下，中央空调也不能启用，第一批值夜班的3个队员穿着防护服在病房工作了几个小时后，浑身出汗，但出完汗贴在身上，又是冰冰凉的，等到防护服脱下以后，整个人就像在冰箱里一样。

一、最美逆行者

一开始，武汉金银潭医院的护士力量特别紧缺，这一批护理团队中，有15名被统一安排进入第一批上海援鄂医疗队补充护士力量，另外35名护士按照金银潭医院的要求，被分散划入10个科室。身为队长，李晓静的内心压力很大："队员们分散在各个科室，我每天都提心吊胆。因为大家不能见面，我要求他们每天在微信群里报告自己的身体情况，一听到队员咳嗽或者喉咙痛什么的，我浑身的神经就绷紧了。"

其实这不是李晓静第一次上战场，从上海开往武汉的列车出发后，她在朋友圈写道："17年前，作为军人的我义不容辞奔赴小汤山，17年后，脱下军装的我义无反顾再次出征，只为那份初心：我是医护人员。"李晓静格外看重医护人员的责任感和使命感，作为队长，她必须要实现"50个人去50个人回"，一定要将他们平平安安地带回家。

由于长时间佩戴口罩、穿戴防护服，护士们脸上出现了口罩留下的印痕，严重的还出现了压疮和伤痕。李晓静关注到这一现象后，在微信上发出了物资求助的信息：我的团队需要水胶体敷料。不到7个小时，近300名退役军人捐赠了2000个医用敷料，有效地缓解了护士们口罩脸的问题。

由于防护要求，护士们还出现了"酒精手"的问题。护理队队员、上海市奉贤区中心医院的护士吴玲玲第一天上岗时，主动要求加班，连续工作12个小时后双手却变得红肿，她说每接触一样东西就要洗手，每天超百次。为此，李晓静也第一时间联系了战友，很快，一批护手霜送到了医院，供医护人员使用。

患者生命的守护者

按照国家相关标准，ICU 病房内的护士人数，要按照一张病床 2.5-3 名护士的要求来配备，比例比普通病房要求高很多，对护士资质、技术的要求也高很多。重症监护室内的病人通常都采取了气管插管的救治措施，这意味着病人完全卧床。这时病人所有的护理都依赖护士，包括饮食、大小便、气道管理，一刻都不能离人。另外，监护室病人病情都很重，护士还要随时监控 ICU 病房内各种监护设备的情况，要为患者进行补液等专业的操作，因此重症监护室护士的工作强度本身就很大，需要的人员数量比较多。

增援武汉的这批护理专业人员，来自上海市 40 家医院的呼吸科、感染科、重症科、内科等，基本都是骨干护士，虽然此次到武汉护理的都是传染病病人，但大家的能力很强，经过培训，很快都上手了。

上海市杨浦区牙病防治所蔡莹颖是第二批援鄂医疗队的队员之一，她曾经在 EICU（急诊重症监护室）、CCU（心内科监护病房）工作多年，又是红十字会注册救护师，回忆起刚到金银潭医院上岗的情景，仍旧历历在目。"我是责任护士，要管 12 个病人。交接班中得知有位阿姨因长期吊针手肿得厉害，针头特别难打，我去帮她治疗操作。得知我是上海来的护士，她原本无精打采的眼神顿时充满希望，我提前解释说，现在戴了两层手套还戴着面罩，手感会差一点，如果打不进请理解。她说："你是上海医疗人员，我相信你的水平。"病人的信任让蔡莹颖分外感动，这一针果然顺利打进，

一、最美逆行者

阿姨特别高兴，周围病人看到后，也对上海的医疗水平称赞有加。

对于大部分护士来说，穿脱防护服都是新的体验。因此，上海队对于医护人员的要求是："仔细仔细再仔细，耐心耐心再耐心，所有操作步骤按照要求一步一步进行，安全比什么都重要。"病房之外，业务培训也无时无刻不在进行。"一些院感的培训，回到酒店后也没有放松，一直希望大家上紧弦。"李晓静说。

除了对病人的常规护理外，护士还需要承担保洁员、护工的工作，"武汉疫情严重的时候，金银潭医院没有保洁工，我们只能自己干"。

第三批援鄂医疗队护理专家周萍也有同感，她在微信朋友圈记录：在武汉的这段时间里，疫情使我变成白衣战士、护工。阿姨、保洁阿姨、营养调配师，每天变着花样将各地捐赠的营养品调配给鼻饲患者、失智老人……能看到病人面带微笑，欢欢喜喜出院对我们是最大的安慰。

病房温情的记录者

2月18日起,上海第二批援鄂医疗队的35名护理队员从10个分散科室重新集中,整建制接手一层病房的护理工作。随着病人数量减少,工作任务减轻,护理人员越来越多地关注到病人的心理状态。

护士们发现,许多病人心情不太好,病房里的气氛也比较沉闷,所以在查房的时候,护理人员总是想方设法逗病人们开心。

援鄂期间,许多企业单位向援鄂的医护人员赠送慰问品,护士们把收到的物资拿出来和病人分享,希望他们收到礼物能够开心一些。"前段时间三八妇女节,我们还专门给病房里的女性病人送了牛肉干、护手霜等等,队员们都说自己少吃一点不要紧,希望病人能够增加营养,早日康复。"

天气转暖,有女病人提出头发太长需要修剪了,还有男病人说胡子很久没刮了。护士们当起了理发师。"男病人说天气热了,就直接给他们剃了光头,修容结束后,大家都挺开心的。"

在李晓静管理的病区里,病人是可以走出房间的。"我们鼓励他们到走廊来活动活动,或者在窗边看看风景,这对他们的心情平复是有好处的。"

有一位病人入院时病情已经非常危重,生活无法自理,跟他同期住院的病人先后不幸过世,但他的求生欲很强,最终逐渐康复。他对李晓静说,上海医疗队员的到来,让他更有信心。

护理人员不仅要帮助病人战胜病魔,更要帮助患者战胜"心魔",

一、最美逆行者

这是援鄂医护人员的共同心声。一张"落日余晖"照片曾在朋友圈刷屏,照片中的中山医院援鄂医疗队队员刘凯医生,还有一张更为珍贵的照片。照片中,一位病人在纸上写下的救治和照顾过她的所有医护人员的名字。

中山医院援鄂医疗队党支部副书记潘文彦护士介绍,写名字的病人之前非常悲观,几乎不跟任何人说话。经过了解,患者年迈的母亲因新冠肺炎刚刚去世,她的爱人也在其他医院治疗。她沉浸在绝望的情绪中,根本无心治疗。

于是,每天进入病房,大家都会给她鼓励和问候。"我们温柔的一句'阿姨,您今天好吗',会给她很大的鼓励。我们鼓励她做肺康复,帮助她生活护理,让她重拾信心和勇气。时间久了,她慢慢愿意和我们医护人员说话了,她会问:'你们是哪里来的?'"

这位病人总爱在自己的小本子上写啊写。有一天进病房时,患者拿出了小本本,潘文彦看到了上面这张写满名字的纸。患者说:"护士长,我指标好转了,很快就能出院了,我现在特别想记住你们的样子,但你们都穿着防护服,每个人看起来都是一样的,所以我在自己的本子上,记下了每一位治疗护理我的医护人员防护服后的姓名。"

"竭诚协助医师诊治,务谋病者之福利",这是南丁格尔的誓言,疫情一线,每一个护士,都是南丁格尔。

(周 洁)

女性的力量 \ 中国抗疫战中的上海女性

李圣青，与死神抢病人

华中科技大学同济医学院附属同济医院光谷院区ICU的负责人李圣青，是复旦大学附属华山医院呼吸科主任，经历过SARS，但此次新冠疫情的惨烈程度仍在她的经验之外。她把自己的工作总结为"和死神抢病人"。

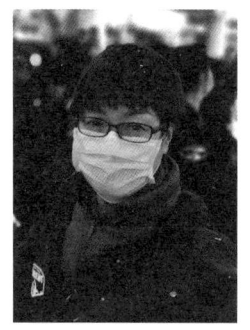

ICU的病床上，有的病人已经上了几台机器，"那么小小的身躯被一群机器围住，很多病人都是这样，完全被机器围绕了……我是觉得真是太惨烈，如果你在我们ICU长期干，你会知道简直太惨烈了，太惨烈了。"

经历了几位病人的去世之后，李圣青一直在呼吁关口前移，提前介入，提前治疗。采取关口前移措施后，同济医院光谷院区的死亡率低于大多数医院。

一分一秒都是生命

元宵节，接国家再次发出的驰援武汉的征召令，90分钟内，华山医院一支219人的队伍集结完毕。李圣青就是这支"华山战队"的领队，同时兼临时党总支书记。第二天，这支队伍抵达后整建制接管同济医院光谷院区ICU——专门收治光谷院区其他16个重症病区转过去的最危重的新冠肺炎患者。

李圣青说："当初决定要来，就是想，我是搞呼吸危重症的，武汉前线这么多同道倒下，病人死去，我坐不住，心里着急，所以就来了。我经历过SARS，知道该怎么做。"但到了武汉之后，刚刚临时改造的ICU病房，曾让她"崩溃"。

"我们所谓的重症ICU，只有床和床头柜，但要收最重的病人。所以想尽一切办法，先把心电监护仪、呼吸机都搜罗过来。"

李圣青团队接手的病人，几乎全部都要上有创呼吸机，需要插管。30张病床，最多的时候有27个病人插管。

李圣青说，治疗中她迅速总结出"关口前移"的经验，这个经验都来自血的教训。"应该是四天前吧，我进去查房，所有病人我挨个看了一遍，把呼吸机也调了一遍，病人都很平稳，我还挺开心的，我觉得今天可能不会有病人死了，很高兴地脱了防护服出去，还没走到医生办公室，他们就告诉我，15床成直线了，4床也成直线了，

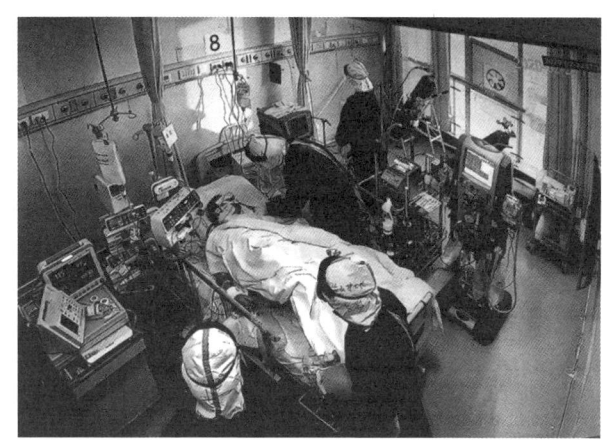

这简直是太让我吃惊了,你想想我是什么感受。"

这两名病人,按照当时的治疗方案上了无创呼吸机,指标也在指南认为正常的范围内,但病情却急转直下。两位病人的病情变化让李圣青意识到,对病人的救治措施必须关口前移。"我吃过这么多次亏之后,现在反复强调,关口前移,再前移都没有错,但如果错过了抢救这个病人的机会,真的就是无法挽回了。"

李圣青说,新冠肺炎的特点就是进展非常迅速,而且是多脏器功能的损害,尤其是危及心脏和肾脏。很多病人都是因为爆发性心肌炎,引起心衰、猝死,发生率非常高。他们呼吸好好的,但死于心功能衰竭,心跳骤停。

"我感觉我每天像打仗一样,就是在和死神在抢病人。他抢我

一、最美逆行者

也抢,看谁抢得厉害,看谁手快。我一眨眼他就抢了好几个病人走,我就关口前移,先给你把住,否则根本来不及反应。"李圣青说。

"非典老兵"完成挑战

2003年李圣青参与了非典病人的救治,但与17年前救治非典病人相比,新冠肺炎疫情显然对医护人员提出了更大的挑战。

SARS疫情时李圣青在西京医院呼吸科工作,接触的病人病情比较轻。李圣青说,虽然她的专业是呼吸危重症,但也没有见过武汉医院里这么大的场面。"这是我生平第一次,30个病人,27个插管,1个上ECMO,五六个在做肾替代治疗。我们把所有的手段都上上,拉住病人。"

ICU病房里,太多的生死考验,让李圣青对病人充满同情。"你想想,病人死的时候周围没有任何亲人,都是我们这种陌生人,而且陌生人他连脸都看不到,眼睛还是在护目镜后面。每一个人活在世界上都值得被爱,值得被尊重。但是就是因为这个疫情,让武汉很多的新冠肺炎患者在离去的时候毫无爱的感受。"

李圣青介绍,因为新冠肺炎病人的病情瞬息万变,要求医生根据病情的需要,随时查看病人、巡视病房,医生们在里面跑个不停。每个插管病人配一个护士,护士每30分钟去巡视一次,不停地巡视,随时发现病情变化,随时调整治疗方案。"真的就是像在打仗,所以我跟他们说,我们都是生死之交的战友。"

李圣青说,医疗队到武汉后第一步是拉住病人的生命,病人活下来才有治疗的机会。待病人得到足够的呼吸支持后,就是精细化的重症 ICU 管理,通过多学科协作,让插管的病人能够尽可能脱机,离开 ICU。

3月31日,李圣青教授和队员们完成支援任务从武汉回到上海。她说,援鄂的每一天都在直面生死,这段经历值得每位队员铭记一生。"特别能吃苦,特别能忍耐,特别能战斗,特别能奉献的精神,我想我们无论是内心的历练,还是技术方面,我们都得到了成长。"

(《人物》罗　婷)

一、最美逆行者

战地玫瑰分外香

在抗击新冠肺炎的战"疫"中，有这样一群人：她们是远隔千里却心心念的"母亲"，是时刻被担心却说着放心的"妻子"，是还没长大、让父母放心不下的"女儿"……但是，当有人需要保护的时候，她们立刻化身为战士，勇敢地冲在了前面。她们有一个共同的名字——女性。

上海先后派出1649余名医疗队员支援湖北、驰援武汉，其中女性医护人员有1089人，从60后一直到90后。火线上的抗疫前方，生与死的战斗时刻都在打响，向着汹涌病毒迎面而上的战士中，有她们。

在这个没有硝烟的战场上，想要看清一个人的面容很不容易——一样的防护服、口罩、护目镜，若不留意她们背后的名字，甚至不知道眼前的这个人是他还是她。

而今，她们有一个共同的名字——上海医疗队"女神"。

护士"奶奶":"想上战场,先过我这关"

"没想到三八妇女节那么快就到了,想想离开家有一个多月了吧。"53岁的松江区中心医院主管护师王叶琴,在前线医疗队中算得上是妈妈级的人物。就在3月6日上午,她所在的上海第三批支援湖北医疗队正式关闭了一个重症病区。

尽管病人数正逐渐减少,身为院感组一员的王叶琴仍不敢掉以轻心,依旧忙着四处"查漏",为所有进入病房的医护人员检查防护装备。

"前线的工作一天比一天顺,今晚,大家还会组织一场简单的妇女节联谊活动。"说到过节,王叶琴的话语略带轻松,回想起一个月前的执意出征,她觉得当初的选择无比正确。

"孩子已经成家,孙子也有了,也没啥后顾之忧了。离退休还有两年,我就想在告别岗位之前多发挥些余热。"1月28日,王叶琴随上海第三批医疗队进驻武汉市第三医院光谷院区,领队是上海交通大学医学院附属瑞金医院副院长陈尔真,曾经历SARS、禽流感等多次公共卫生战役的重症急救医学专家。

按照统一部署,王叶琴与另外7名队员组成院感组,他们既是医院踩点的先头部队,也是队员们的"守门人"。到达武汉第一天,院感组便为全队148名队员进行穿脱防护服的培训。一遍遍讲解、一次次演示、一个个检查,谁穿不到位就重新来过,直到每个人都能熟练穿脱。

"想上战场,先过我这一关。"心里默念着这句话,王叶琴和

一、最美逆行者

组员们守在清洁区门口,一站就是一天,"所有人员进出病房前都要里里外外检查一遍,防护不能有一丝一毫的马虎。"一天下来,百余次的把关少不了。

院感组的 8 名队员中有 6 位女队员,她们拿出女性特有的严谨和细致,处处较真。负责 ICU 病区院感防控的上海市第四人民医院门急诊总护士长戴爱兰,曾和窗帘"过不去"。原来,过去作为保护患者隐私的隔断,在疫情期间却可能成为病毒的栖身之所。最终,窗帘被组员们塞进了医疗废弃物的专用塑料袋里,这个隐患算是排除了。

与王叶琴同队的柴丽莉是上海市第五康复医院副院长,也是松江区支援湖北医疗队队长。细心的她发现,1 米 9 大高个的男护士即使穿上最大号的防护服,下巴也会露出一大块。有什么办法堵住"漏洞"?大家集思广益,最终找来外科口罩,先把下巴兜住,再用封箱带固定好。虽然看上去像是打了个"补丁",却保证了防护效果。

渐渐地,这份"上海标准"被武汉当地的医护同道们学习借鉴。时间长了,当地同行每次见到他们都要道一句,"你们是上海来的老师?谢谢!"

"和队员们每天忙里忙外,不觉得累,反而很充实。大家都对我很照顾,脏活累活抢着干。"她不知道的是,对于队里的许多小辈而言,老将出马,意味着"定海神针"的作用。

在另一片战区,武汉雷神山医院有位与王叶琴年龄相仿的护士"奶奶"。作为上海中医药大学附属曙光医院护理部主任,55 岁的卢根娣从小汤山到雷神山,都如同一味"行走的安慰剂"。尽管当年的"小卢"变成了"老卢",她却一心想着:"我要去和我的孩子们在一起。"

到隔离病房照护患者,年轻的护士拦着她:"我们毕竟比您小20岁,您别进去。""我肯定要进去。"卢根娣很坚定,"看到我不怕,她们就更不会怕。"

这份淡定背后,是几十年来的专业积累。从医院到住处,从进出隔离病区到出入宾馆房间,细之又细的防护规矩,卢根娣一一成文。到雷神山的最初几天,她一直在疯狂写流程,"要保护好孩子们,春暖花开时,一起去一起回来。"

"ICU 小超人":每个人都有英雄梦

"小个子,竟有这么大能量!"复旦大学附属华山医院副院长、华山医院支援湖北医疗队总指挥马昕说的,正是倪丽。她是80后,工作12年,正是最年富力强时。

倪丽随华山医疗队奋战在武汉华中科技大学同济医学院附属同济医院光谷院区唯一的ICU(重症监护室),面对的是整座医院最危重的新冠患者。马昕直呼她"小超人"。

2月16日,她连续工作了24小时,不眠不休。隔离服有时间显示,超时后就没防护功能了,必须从病房出来换一套。她就每4-6小时出来,换身衣服又进去。

连续24小时奋战,为什么?这天,ICU收了三位重病患者,

一、最美逆行者

都急需做血透。其中一位是79岁的老奶奶，有十多年尿毒症病史，一周没做血透了；还有一个是患高钾血症、肾脏损害的病例，情况也十分严重。倪丽带着团队挑战自己的身体极限，终于换来了三名病人转危为安。她后来说，抢救过程中，什么都忘了，就是一种亢奋状态，"就觉得这些病人需要我们，我们通过努力能让他们好起来"。

肾脏科尤其是血透团队在对此次新冠肺炎重症患者和危重症患者的救治中，发挥着不可或缺的作用。在这个2月9日出征的华山医院第四批支援武汉医疗队里，有一个由2名血透医生和7名血透护士组成的危重症血液净化团队，清一色的"女将"，倪丽医生正是其中一员。

"所谓特殊血液净化，就是通过体外循环方式清除体内潴留的水分、代谢产物和炎症因子等，为危重症患者的抢救治疗提供内环境的稳定。这是危重症患者最基本的生命支持平台之一，为抢救赢得时间与身体上的保证。"倪丽说，这也是自汶川地震后，凡遇到大灾大疫都有血透团队出现在救治一线的原因。

也因此，当今年1月听到关于疫情的新闻报道后，在老家过年的倪丽第一时间改签最近一班的火车回到上海。年初四，她就投入华山医院肾脏科病房工作。"我都没抢到年初二值班，同事们都太积极了。"倪丽说，每个人都有一个英雄梦，这也是她此次第一时间报名驰援武汉的原因。而且，在这次战"疫"里，她如愿见识了很多现实里的"大英雄"。她的导师——全国三八红旗手，华山医院肾脏科副主任、血透中心负责人陈靖教授就是她眼中的"英雄"。

陈靖目前正奋战在华山医院血透室。战"疫"打响后,她领衔团队在短短三天里,将一系列防控新措施全部落实到位,拉开全面阻击新冠病毒入侵血透室的新战役。

(《文汇报》唐闻佳、李晨琰)

一、最美逆行者

联影刘宏颖：
武汉方舱 CT 的幕后女将

　　2020 年 2 月 3 日晚，武汉市决定征用市内会展场馆，以改造成为"方舱医院"集中收治轻度患者。与此同时，在 800 公里外的上海，上海联影医疗科技有限公司 CT 事业部项目经理刘宏颖临危受命，成为方舱医院 CT 的项目经理。

　　刘宏颖此前曾负责联影多款 CT 的产品发布，但是像武汉方舱这样的棘手情况这个 85 后姑娘还是第一次遇到。刘宏颖和她的团队克服了重重困难，以最快速度为武汉方舱提供了 CT 解决方案，而联影 CT 也遍布武汉一半以上的方舱医院。

　　刘宏颖自豪地表示："在全国范围内，我们已发出 70 台以上的方舱 CT，遍布新疆、北京、山东济宁、四川成都、上海、黑龙江、云南等各地。随着海外疫情的暴发，我们的 CT 和更多影像设备还入驻了美国纽约、泰国、乌克兰等国的多家医院，为全球抗疫做贡献。"

提前完成"不可能的任务"

　　CT 是医生用来做诊断的重要工具，被形容为医生的第三只眼

睛。

武汉疫情期间，CT 发挥了极为重要的作用。尤其在早期核酸试剂检测准确率不高的情况下，CT 扫描结果成为新冠肺炎诊断的重要指标依据，被列入了国家卫健委发布的标准之中。

为了让上万名轻症患者及时得到集中收治，而不必焦急徘徊在医院门外，武汉市内十多个体育馆、会展中心、学校等场所被火速改建为应急方舱医院。疫情之下，快速且精准的 CT 诊断发挥着日益关键的作用，其影像学结果是持续追踪患者病情发展，判断是否达到痊愈出院标准的重要依据；而在平均收治人数近千人的方舱医院内，如何让 CT 快速适配于非医用场地，提供高效诊断，并在扫描时避免交叉感染成为亟待解决的难题。

一、最美逆行者

2月3日晚，刚刚回到上海的刘宏颖接到任务——武汉方舱医院需要联影提供CT服务。但是，刘宏颖当时面临一个巨大的困难——方舱医院无法提供CT设备所需的专业扫描屏蔽间！

正常情况下，医院准备CT机房需要一个月以上的时间，对环境有着非常严苛的要求，需要有足够的屏蔽措施、承重基础、设备装机进出入口，还要考虑到周围的信号干扰等等。方舱医院作为临时征用的民用场所，多为展馆、体育馆等，并不具备符合要求的现成房间，若要施工改造则要花费更多的时间和人力。

"这个应急项目应该是我目前碰到最为棘手的项目。因为不仅方案要快，制造要快，现场搭建要快，使用要快，同时必须兼顾安全可靠。"刘宏颖回忆道。

2月3日晚，刘宏颖就组织了技术专家、场地等各团队连夜开会，由于地域的差异和疫情隔离的要求，他们全部以云会议形式针对方案和风险进行详细的讨论。经历这样高压的三天讨论，刘宏颖和她的团队最终确定了方舱的方案——有别于传统CT，联影涉及的方舱CT具有独立于医院的箱体式设计，占地仅20平方米，快速拆装，插电即用，俨然就是"超级野战CT"，随时可赶赴疫情现场或抢险救灾一线。

考虑到新冠病毒的高传染性，需要尽最大可能让医患隔离。所以方舱CT设计了独立门分别提供给患者和医生使用；CT设备还搭载了"天眼AI平台"，能对病人的胖瘦、全身位置、床的高矮、床的摆位等信息可进行自动化识别，这样CT技师无需进入扫描间，通过隔室操控就可以完成扫描，大幅降低交叉感染风险。联影还为扫描室装上紫外线消毒灯,进行自动消毒。

随着方案不断改进,方舱CT可以将屏蔽房在工厂安装好再发货,不用现场安装,这样速度就更快了。此外,针对当时的武汉会经常下雨的情况,同时考虑到其他地区的环境,刘宏颖和她的团队对方舱CT进行了防水防风的设计,确保可以应用到各种环境和地区。

迎难而上的铿锵玫瑰

刘宏颖表示,方案完成只是万里长征第一步。疫情期间,一切工作都无法正常开展,都面临诸多变数。

如何将方案从纸上落地到实处,在极为有限的时间制作出来?在接下来的时间,刘宏颖就和方案实施的供应商不停讨论,远程指导,白天黑夜不停歇进行设计、加工、验证、再加工,最终在三天内完成首台方舱CT加工。

发货运输,同样艰难。当时恰逢春节期间,很多物流公司暂停工作。武汉封城,各省封锁边界,如何顺利进城?不仅如此,除了方舱CT的外壳,其他配备配件和工具也必须同步到位。这需要多方高度协调,密集沟通统筹。刘宏颖表示,联影的物流总负责人也是一位女性,在这位巾帼英雄的全力推进、高度协调之下,大家克服了重重困难,确保了现场的物资、人力、物力能及时到达现场,投入使用。

现场安装是最关键、难度最大的一步。二月的武汉多雨,刘宏

一、最美逆行者

颖的同事经常是大雨中进行架构组装，小雨中进行封装操作。有一天，武汉还下了鹅毛大雪，联影工程师冒雪在展馆外的场地上施工。

常规场地安装 CT 要 2 个工程师 4 天时间，而联影工程师 24 小时连续作业，基本在数小时内完成整机的安装。为了抢时间，方舱 CT 和病人是同时进入方舱医院的。穿着防护服和护目镜的联影工程师为了节省防护物资，经常白天不吃不喝不上厕所，到晚上才能脱掉防护服。

让刘宏颖和她的团队感到欣慰的是，联影在武汉国际会展中心方舱医院安装的第一台 CT 按时高质量交付，第一天就扫描了 200 多位患者。

回顾自己的这一项目，刘宏颖表示："作为一名女性工程师，我感到非常自豪，我亲身见证了该项目的诞生、落地，在高度紧张的节奏下，抗住压力，带领团队按时高质量完成了任务。联影方舱 CT 真正帮助了很多人，我觉得我们做的事情非常有意义。"

作为一名联影人，刘宏颖也深感骄傲。9 年来，上海联影实现了国产高端医疗设备首次向美国、日本等发达国家的反向输出，服务了包括东南亚、非洲、"一带一路"国家等全球二十多个国家和地区的医疗机构。像刘宏颖这样的联影人，将继续努力，让科技这道光，照亮世界每一个地方。

（金　姬）

二

激活上海"免疫"系统

新冠肺炎疫情是一场考试,第一道题就是城市的公共卫生之网是否完善。上海传染病防控公共卫生安全网上,无数女性工作者抗住压力,迎难而上。

她们中有为政府决策充当智囊的"最强大脑",也有默默无闻的社区基层干部。是她们的高效工作和专业精神,激活了城市的"免疫力"。

- 大事记 -

1月24日 上海启动重大突发公共卫生事件一级响应机制,进一步落实对重点地区来沪人员实行居家或集中隔离观察14天,全面实行各类人员、物资进入本市交通道口卫生检疫,取消各类大型公共活动,细化落实各项联防联控措施,加强健康卫生知识宣传普及,增强市民自我健康意识,确保上海市民健康和城市公共安全。

1月26日 上海防控工作领导小组以每天一场的节奏连续举行新闻发布会。

1月31日 上海市卫生健康委启动"上海市发热咨询平台"。

2月3日 上海全市第一批口罩预约启动,部分单位复工。

2月4日 上海市卫健委发布《来沪(返沪)人员健康管理告知书》。

2月15日 上海全市第二轮－第六轮口罩预约陆续启动。

4月29日 上海《餐饮服务单位分餐制管理规范》地方标准发布,提倡"公筷公勺"和分餐制。

5月19日 上海已建成200家社区发热哨点诊室,另外上海117家发热门诊里,34家设在社区。根据上海市卫健委统计,在入沪道口,已有累计近3万人次社区医务人员24小时值守,对1100万余来沪人员进行健康检测、甄别与转运;在居民小区与集中隔离点,社区医务人员会同居村委干部、社区民警,对超过40万重点地区和境外来沪人员实施了隔离健康观察。

女性的力量 \ 中国抗疫战中的上海女性

上海战"疫",一座超大城市是如何激活"免疫"系统的?

作为拥有2400多万常住人口的超大城市,上海的人流、车流、物流的流动频率和密度在全国都首屈一指,又恰逢春节假期、返程高峰,防控难度和挑战由此可见一斑,如何迅速组织起一套符合超大城市特点和规律的防控体系,激活城市的"免疫"系统?这是一道难度颇高的考题。

所幸,在经历了1988年上海甲肝大流行、2003年非典、2005年禽流感、2009年新甲流、2013年H7N9禽流感,以及近年的埃博拉防控之后,上海在一次次磨难中积累了丰富的经验,公共卫生体系建设获得了突飞猛进的发展。上海的果敢决策和缜密部署,从政府到社区、从组织到个人,层层推进,高效落实,查漏补缺,从疫情防控到民生保障,无不在践行和发挥科学化、精细化、智能化超大城市治理在"战疫"过程中的作用。

从上海启动"小汤山"模式,到除夕夜135名医护英雄出征武汉、展示"逆行者"驰援的时代风采,再到无名市民为医院医护人员叫外卖"喂食",入沪高速路口"逢车必查",居委会工作人员为在家隔离市民送食物、倒垃圾……治理体系与治理能力的现代化,像绣花一样精细的城市管理,从日常管理向应急管理的快速切换能力,正在这场突如其来的大考中检验成色。

这就是上海——一点的事就怕死,如履薄冰;天大的事不怕死,舍生取义。

医疗救护:逆行天使与时间赛跑

除夕之夜,上海首批136名援鄂医疗队员在细雨中出发了。那一晚,白衣壮士出征的消息"刷屏"了。大年初一凌晨1时25分,搭载首批援鄂医疗队员的东航包机在细雨中降落武汉天河国际机场。医疗队驻扎武汉金银潭医院附近,全力支援武汉开展医疗救治工作。

首批援鄂医疗队领队、市一医院副院长郑军华透露,在交接的第一个夜晚,由于任务繁重、缺乏防护装备,上海医疗队延续了"六个小时一个班头"的排班。这对医疗队员考验很大:因为害怕上厕所导致防护服报废,值班期间需不吃不喝坚持六个小时。

1月28日、29日两天,上海增补的50名护理人员以及第二批援鄂医疗队也出发抵达武汉。即便去不了武汉,上海医护人员也随时待命。

在收治重症患者较多的金银潭医院,上海派去的医疗骨干们,用"上海方案"协助武汉同胞抗击疫情。在这个没有硝烟的战场上,白衣天使留下了太多临危不惧、勇往直前的动人身影。

与此同时,好消息不断传来。

上海确诊的第一例新型冠状病毒肺炎感染患者56岁的陈姓女性经过近十天的积极救治,1月24日康复出院;上海收治的新冠肺炎病人陆续出院……

1月31日,上海市卫生健康委、申康医院发展中心启动了"上海市发热咨询平台"。这个平台由15家市级医院的60余位呼吸科、感染科、重症医学科医师轮流排班,通过24小时热线电话为发热、有呼吸道症状的公众提供咨询服务;同时启用微信小程序"新冠工作室",提供针对发热门诊及其他慢性病的线上问诊服务,只要一部手机,市民就能"零距离"问诊专家团队,线上排除疑惑。热线电话热到专家几乎没有时间休息片刻,而他们接听电话,说的最多的话就是"不要紧张"——一名市民说她"全身发烫,但量下来体温正常",医生告诉她,体温正常、没湖北接触史,通常就没问题,全身发烫可能是紧张情绪造成的。

此外,公众还可以下载手机客户端"上海徐汇云医院",通过视频通话等方式向平台上的医生进行咨询。这个平台集聚了一批医生和护士,提供24小时接诊服务。上海的二十几家市级医院还开通了互联网在线咨询服务,用"互联网+"的形式形成点面结合、多渠道、非接触的专业医疗服务网络,引导公众合理就医,减少医院人群聚集和交叉感染。

二、激活上海"免疫"系统

药品监督：抗疫物资的安全把关人

面对新冠肺炎疫情加快蔓延的严重形势，国家药品监管局为配合临床需要，迅速启动检测试剂盒应急审批程序。

国家药品监管局首批确定启动应急审批申报的7家企业中，有3家是上海的企业。在上海市药品监督管理局党组的统一指挥部署下，1月23日至25日紧急抽调三批技术审评骨干组成突击队，有条不紊开展现场体系核查、注册检测、抽样送检、数据上传等，确保现场核查与国家药品监管局审批工作无缝衔接。三天三夜连续奋战，完成了本市3家企业的注册体系现场核查工作。

辛勤的汗水换来硕果累累，1月26日，上海的一家企业获得全国首张新型冠状病毒2019-nCoV核酸检测试剂盒注册证。随着产品在全国的大量上市应用，极大提高了病例确诊率，使患者得到及时的救治。检测试剂盒的问世，既给患者带来了福音，更体现了上海药监人勇当新时代排头兵、先行者的勇气。

疫情暴发，医护用品需求量猛增，防疫一线不断发出求援信息。上海市委、市政府提出要调动本地产能以及"民用"应急转产"医用"的要求。

医疗器械应急审批没有先例可循，既要快，更要确保质量安全。该怎么做？怎么写？医疗器械注册处处长王安婷经过反复深入思考，连夜起草了《关于做好本市新型冠状病毒感染的肺炎疫情防控期间医疗器械应急审批工作的通知》，提出"统一指挥、早期介入、快速高效、科学审批"的原则，并于2月1日在全国率先印发，针对疫情防控所需的医疗器械开展应急审评审批。

口罩、防护服生产企业,一般都在偏远郊区,王安婷和她的同事们一天要来回奔波近100公里,到生产企业现场查看,初筛出有条件转产的企业。

为兼顾审批速度和产品安全,市药品监督管理局成立应急审批工作组,启动应急审批程序,对有条件的企业提供"1对1"审评审批服务,并同步推进检验检测、技术审评、体系核查和生产许可工作。

疫情来势汹汹,物资供应迫在眉睫。上海市商务委、海关等部门在全球紧急采购各类医护用品。但是各国关于口罩、防护服等产品的标准并不统一。对于这些应急进口医护产品必须要有专业的研判、快速的检测来进行质量把关。以"重专业研制、抓关键指标"为原则,药监部门协同专家共同研究确定应急检测关键指标,全力保证好不容易采购来的应急物资快速通关,保证医护产品质量能够保障一线防疫人员安全。

基层社区:用敲肿的手,行万步的脚织密暖心防控网

第一时间发现疑似感染者,为居家隔离者提供更精细服务,用温润亲情化解邻里疑虑,尤其是还要利用"人防+技防"应对节后返程大客流……在上海的基层社区、街角小巷、村口路边、田间地头,脚踏实地一户户排查可疑病例、实施隔离,社区和村居干部吹响防疫"集结号",以绣花般的精细和韧性,用敲门敲

二、激活上海"免疫"系统

肿了的手,日行万步的脚,还有温暖人心的"唠叨",给居民们织密了暖心防控网。

1月27日,上海市政府新闻发布会通报,共隔离观察9804人,居家隔离8706人,集中隔离1098人。在每一个居家隔离人员的背后,都有一个强大的"支持团队"。除了医疗关怀、物资保障,还给予心理疏导、精神鼓励。"阿姨爷叔,今天要买什么菜,尽管说哦!""加油,再坚持几天哦,我们人隔心不隔!"守望相助,共渡难关,众多正在隔离的居民和来沪人员切实感受到了这座城市的温度。

"咚咚咚……"在一次连续敲门好几分钟之后,门终于缓缓地打开了,一位80多岁的空巢老人蹒跚着前来开门,陕北居民区负责民政和老龄工作的党员社工沈怡敏赶紧把疫情防控的温馨提示大声地告诉老人,叮嘱她要少出门、勤洗手、戴口罩,一定要注意自身的防护安全,遇到老人不明白的,她还要耐心解释。"我们这里老房子多,里面留守着的大多都是子女不在身边的空巢老人,这些老人年纪都大了,有些耳朵不太好,所以敲门时间要长一些,要有耐心,敲门的力气要大一点,这样老人才听得见。"

"这是一位居委干部的手,敲门敲的"。一张配有沈怡敏红肿且有破皮的双手图片,在记者的微信朋友圈引来众多的点赞和称颂,而这背后,正是上海严密疫情防控网的缩影。

自春节期间接到疫情管控宣传排摸任务以来,沈怡敏就一直没有休息过,走街串巷、上门走访,宣传疫情防护知识、排摸户数人员情况。她带的块内实有户数约150户,虽然数量不多,但由于北京西路这里都是老房子,出租率很高,有时连续几天上门排查,这些借出去的房子内都一直无人应答,常常让她跑了个空。"只能反复滚动上门,经常去敲(门),多做尝试。"除了反复上门,她还尝试微信、电话联系房东,询问租客信息、返沪行程等,力争全面掌握块内的户数情况。

在将自己块里的居民全都上门跑了一遍,将所有户数情况全都清晰掌握之后,沈怡敏却依旧忙个不停。返沪的居民要及时登记、有湖北接触史的要及时掌握,还有这家的阿婆、那家的爷爷要重点宣传关心,这些事都萦绕在她心头。上门走访居民时看到1231弄大铁门链条脱落了,她抓紧联系维修,居委的防护物资不够了,她到处想办法去采购,还兼任了财务报账等工作,她也说自己像个停不下的陀螺,在这个关键时刻总要再做多点什么。

"我是一名共产党员,在国家、在人民需要我的时候,我应该坚守在社区一线的岗位上,义无反顾。也许基层的螺丝钉并不起眼,但小区里响起了居委干部的敲门声,才会让居民们知道疫情管控大家都在行动,才能让他们真正感到安心!"这是沈怡敏的真心话。

道口防控网:越是车流滚滚,越是一丝不苟

随着春运返程高峰的来临,上海的疫情防控压力越来越大。能否有效应对返程大客流的挑战,关系着上海疫情防控的成效。"越是车流滚滚,越是一丝不苟","人能过、车能过,疫情坚决不让过"。

青浦区是上海唯一与江苏、浙江均接壤的区域,区里在9个入

二、激活上海"免疫"系统

沪道口设置了卫生检查站,值班的民警、医务人员、社区工作者数百人,其中还有不少"夫妻档"。青浦公安分局交警支队民警张庆锋,赵巷镇社区卫生服务中心医生汪玲燕,这对夫妻从年前至今双双奋战在一线,读中学的儿子始终待在老人家里。由于工作关系,即便同一屋檐下,这段时间仍是聚少离多,一次偶然的相聚竟然是在申嘉湖高速检查站。"我那天正好去检查站送点物资,看到了老婆,我喊她,她还愣了一下,可能我戴着口罩。"张庆锋说。

在申嘉湖高速入口的夫妻朱金兰和陈磊都是徐泾镇社区卫生中心的医务人员。前两天她手持的红外线体温测量仪常常因为天气太冷而罢工。为此,朱金兰把原本给自己准备的暖宝宝包在了测量仪上。丈夫陈磊知情后第二天给她多准备了一个。

清洁区、休息区、隔离区,医院的配置也出现在上海的大大小小的公路道口旁。这三个区域,实则是由三个集装箱搭建的板房。

"简易"的检查站,"检疫"却很硬核。位于嘉定区的沪宜公路葛隆检查站是江苏到上海的门户之一。"哪个体温不对,到这里来。"外冈镇社区卫生服务中心副主任卫家芬扯着嗓门,对车辆边手持体温测量仪的同事喊着,手指着其中一个集装箱板房。

这个集装箱被称为应急区,一张桌子加一个手推车,如同一个迷你急诊室,作用相当于隔离区,凡在道口执勤检查中发现有发烧、干咳等症状者,医务人员就会将其引导到这个集装箱里,对其做进一步的医学检查。另两个集装箱板房是休息区和清洁区,前者供值班人员吃饭休息,后者存放医用物资。

"如果发现体温有异常者,我们会建议他去附近的发热门诊就诊;如果症状疑似,我们马上安排他前往对接的医院。"卫家芬说,从她小年夜在这个道口值班至今,卫家芬和同事发现了1例症状疑似的病例,将他送去就医。

6小时的班次里,卫家芬给2000多人测量体温。"测体温无非就是举举手而已,就是一站6小时,有点冷。"

非常时期,司机和乘客们对公路道口的测温检查都非常配合。数据显示,截至2月1日,上海还有60多万辆车子出去后没有返程。为了应对可能出现的高速道口拥堵,上海将拥堵严重的道口尽可能地多开车道,尽量做到车辆即达、即查、即走。

除了启动"三个覆盖"——推动入沪人员信息登记全覆盖、重点地区人员医学观察全覆盖、管理服务全覆盖;"三个一律"——对进入上海的人员一律测量体温、对来自重点地区的人员一律实施医学观察、对其他外来地区人员要求由其所在单位一律申报相关信息,并切实落实防范措施之外,上海还着力形成"两个闭环"——加强多源数据的分析和应用,让信息的汇集、推送、核查、反馈形成闭环;加强入沪通道体温异常者专送医疗机构的无缝衔接,形成闭环。

从医疗救治一线到广大基层社区,再到交通防控道口,上海密织起三张防控大网,筑起全民防疫的铜墙铁壁。每次困难面前,网上都会有"魔都结界"的说法。如果真有"结界",那就是——全市上下的团结一心、超强的动员能力、高效的执行力,以及绣花般的精细和韧性。这种强大的力量,是上海人民用文明和善行,践行这座城市特有的精神和品格!

(陈　冰)

最难的"倒叙":流行病学调查

上海"一号病人"的追踪过程,揭开了"流行病学调查"神秘的面纱。

1月16日,上海市疾控中心接到长宁区疾控中心报告,辖区内一家综合性医院接诊了一位武汉来沪的病人,高度怀疑感染新冠病毒。上海市疾病控制中心传染病防治所急传科的宫宵欢和肖文佳接到任务,立即出发到医院做流行病学现场调查。

流行病学调查,就是通过抽丝剥茧式的调查询问,透过纷繁复杂的生活轨迹,探索传染的来龙去脉,将一个个看似毫不关联的片段,串成一条条紧密连接的传染链条,然后通过隔离传染源,切断传播途径,保护易感人群等措施,最终达到阻断疾病传播的目的。

从疫情防控之初,流调队员与新冠肺炎病毒间一场场争分夺秒的"赛跑",只为将感染人群控制在最小范围内。因此,有网友给流调队员取了一个酷酷的别称:猎毒者。

14 天，你做了什么？

上海"一号病人"等待核酸检测结果的同时，两位专业的流调人员就开始了他们的调查工作。"这位患者和家属都非常配合我们的工作。"宫宵欢说，经过了解，女患者从武汉到上海的女儿女婿家过年，在武汉时就已经有身体不适，到上海以后乘坐私家车到医院就诊。

当时，处于本市疫情初期，对新冠病毒的认识尚不充分，但上海的医疗机构已经非常警惕新冠患者的出现，第一例患者的及时上报，就是最好的例子。而负责协调传染病防控工作的上海市疾控中心，也已经早早为可能出现的本市病例做好了充分准备。

经过调查，上海第一例患者到上海后没有去过其他地方，也没有乘坐公共交通工具，经排查判定密切接触者只有女儿和女婿。凌晨2点，患者的核酸检测结果出来了，结果为弱阳性，这又给流调人员出了一道难题。疾控中心专家连夜研究，最终决定再做一次核酸检测，再次采集不同部位的样本，检测结果为阳性，据此确认：患者为新冠肺炎确诊患者。1月20日，经过国家复核，这位女士被确认为上海的一号新冠肺炎病人。

1月18日，闵行区报告一起"新冠肺炎"疑似病例，接报后，上海市疾控中心专家、闵行区疾控中心分管领导、流调队员立即赶往现场开展流调工作。

流调的目的是要回答"病人大概什么时候在哪里被谁或通过什么途径感染""可能与其接触的密切接触者有哪些人"这两个关键

二、激活上海"免疫"系统

问题。"当时这个病例出于一些私人原因,并不是很配合。对于我们问的一些问题,他都不愿意多说。只是告诉我们他在武汉住的一个地址。"闵行区疾控中心应急办副主任(主持工作)张奕回忆道,眼看问不出更多有效信息,他们暂停了询问,"我自己总结了一些流调技巧,一个是主动搜索,还有一个被动提供"。

在这个案例上,张奕就运用了"主动搜索"。根据病例提供的地址,她利用地图软件锁定了周边的一些重点场所,通过与病例的沟通,标记了一些可能出现交叉感染的地点。

流调队员的工作有时就是提出假设,通过流调,再去检验假设的过程。有了这些信息后,流调队员再次跟这个病例进行深入交流,他就慢慢松口了。当天整个流调工作从早上9点一直到晚上9点才结束,当晚流调队员就出具了一份初步的流调报告。

第二天,流调队员又去医院做了补充流调。"他的病情很明显是加重的,所以当时还认为是高度疑似不能排除。"张奕告诉记者,经过再次采样,经上海市疾控中心检测,其结果是阳性。

其实,在流调的过程中,有的病人并不是不配合,而是会出现"回忆偏倚",他们记不住14天的行踪。这时就需要用到"被动提供",即让病人查看自己的消费记录,帮助他们慢慢回忆起哪个时间点,去过什么地方,做了些什么事,接触过哪些人,从而找到了感染的可能性。

用张奕的话来说,流调队员要判断病例的流行病学病因,在排除掉所有不可能的原因后,剩下的就算看上去再不可能,它也可能就是致病的因素,"这个过程就像是侦探探案一样"。

"无死角"的防控网背后是无数人的付出

早在12月31日，上海市疾控系统就启动了疫情防控的准备工作。

上海的第一例确诊病例归属长宁区，长宁区疾控中心较早就对相关情况投入密切关注和准备。1月24日，上海市突发公共卫生事件一级响应机制启动后，长宁疾控第一时间成立了新冠肺炎防控工作组织网络，分为应急管理、疫情舆情监测分析、现场处置、健康教育宣传、综合保障、生物安全防控六个小组。

疫情舆情监测分析小组中的数据工作组承担了"情报战"的任务。自1月24日开始，市区两级的公安、经信、商务、文旅、教育等委办局每天发来各自掌握的疫情重点地区来沪人员的信息。

面对数据量庞大、格式繁杂的情况，工作组对任何一条信息都不掉以轻心。工作组一名成员为了确定一条关键信息，半夜三次到电脑前复核。某些来源的信息只有人员居住地址的门牌号、没有所属街镇，如果全靠人工逐条搜索查询，所耗时间很长；为此，参与数据组工作的慢性病防制科"老法师"郑文蔚主动请缨，凭借从事生命统计的多年工作经验，联合同事张磊一起制作了可批量查询地址所属街镇的excel编码程序，大大提升了效率，为街镇社区摸排相关人员争取到宝贵时间。

各个街镇摸排落实的信息返回后，数据工作组将再做一次整理，接着反馈给各个相关部门。有数据的支撑，一张"地毯式追踪、网格化管理、全方位无死角"的防控网络得以织就。

二、激活上海"免疫"系统

疾控中心的"女神探们"

"您这天去过哪里？怎么去的？什么时候去的？跟谁一起去的？乘坐什么交通工具？活动时间多久？有没有接触过可疑病例？什么时候去哪里聚餐？聚餐的人里面有没有发热咳嗽的？什么时候回家的？……"不论清晨深夜，上海市疾控中心的"女神探们"总是立即赶赴现场，开始"最难的倒叙"。

中心 1 号楼最高处的"+1"层，是新冠肺炎现场工作组的临时办公室。而中心传染病防治所业务骨干郑雅旭，和 20 多位同事从 1 月中旬开始忙碌，24 小时应急值班，辛苦至今。

高质量的流行病学调查要求早、快和全面，如果慢了、漏了，很可能就会导致一些感染的人没有被及时发现，造成传播。所以，流调人员不仅要有丰富的专业知识和基本功，要有丰富的工作经验和调查技巧，更要有沟通、交流的技巧，还必须具备有责任心、耐心、细心和敏锐的观察力，以保障调查报告内容的准确无误，而这些正是郑雅旭这群"女神探们"破案的特色。

为了能详尽和准确地获取真实信息，"女神探们"需要用点小技巧，比如利用特殊节日、凭借消费记录等，帮助病例回忆。"今年春节回湖北老家过年了吗？订到高铁票了吗？可以麻烦您查下订票的记录吗？"有些病例的活动轨迹比较简单，活动的范围也不大，但有时候碰到活动史非常复杂的病例，有外出旅游史，有多次聚餐史，也曾经到多个公共场所活动，那究竟是哪个环节导致了病例的发病呢？给寻找传染源带来了很大难度，她们就需要更多的时间和精力去调查各个可疑的线索,通过调查相关人员、调取监控录像、手机定位追踪、查询就诊记录等等各种方法,从而最终查明感染的来源,切断传播的源头。

在调查的过程中,她们往往还需要用爱心和同理心,做知心姐妹,平复受访者情绪。"都已经隔了那么久了,还有必要问那么详细、清楚吗?"面对疑问,郑雅旭一次次耐心地说明解释。真诚的沟通,换来充分的理解和积极的配合。

为了快速追踪到确诊病例和疑似病例的密切接触者,降低新冠疫情蔓延速度,上海市疾控中心临时组建了"密切接触者追踪办公室"(以下简称追踪办)。追踪办的第一小组,由于组员是清一色的女士,被大家称为"娘子军""仙女组合"。

秦璐昕作为中心危害监控所的一员,本来并未参与到疫情防控一线。但是大年初一一早,她就接到电话,希望可以补充到一线抗疫工作中去。作为疾控人,秦璐昕"疫"不容辞,当天下午就到中心报到,与其他"战友"一起"搞追踪"了。

2009年,正值上海H1N1甲流疫情蔓延,刚毕业还未正式入职的秦璐昕,也是响应中心的号召,提早来到应急办(应急处前身)共同抗疫。旧时的战场、熟悉的战友,以及同样紧张而严峻的气氛感染着我,催促着她尽快加入战斗,贡献一份力量。

根据疫情防控工作安排,秦璐昕成为密接一组组长,小组负责本市、外省确诊病例密切接触者的追踪、联络和统计,并做好与公安系统、区疾控中心的工作沟通与衔接。

大年初二,第一小组就站上了密接追踪的第一班岗。在应急处

二、激活上海"免疫"系统

培训的基础上,她们通过学习文件方案和疫情防控要点,结合传染病、流行病等专业知识,逐步理出了头绪。互相配合,梳理形成工作流程表和时间表;形成联络组、协查组和数据处理组的组内分工;撰写统一的密接追踪电话话术模板;制定详细的工作统计表格等。大家边学边做,不断磨合,组内配合十分默契,工作井然有序。

1月底,随着越来越多的确诊病例和疑似病例被诊断,密切接触者数量也急剧增加,密接追踪压力不断增大。而后来面对输入性病例的压力,小组的密接追踪工作似乎从来没有轻松过。每天动辄有上千人的密接追踪数量,她们不得不在电话机前一坐就是一整天。夜里11点电话追踪结束,紧接着是大量数据的汇总、整理工作。即使嗓子哑了,眼睛花了,大家也毫无怨言,依旧坚守岗位。

3月下旬,来沪航班中发现多例确诊病例,情况非常紧迫,经常半夜收到任务指令,大家二话不说,迅速投入工作,不知不觉已工作到第二天上午交接班时间。

无论工作量多大,小组都能在团结、协作、高效的工作氛围中应对。她们充分发挥女性的优势,面对部分人的抵触、恐惧、埋怨和不信任的情绪,除了提出科学、专业的防控要求外,更会尽量用同理心打消对方的顾虑,安抚对方的情绪。

队伍中的每个人都有自己的特点。

陈一珺雷厉风行,每次追踪名单一来,总是冲在第一个领任务;张琳和丁一辰认真细致,好几次面对大量的外省协查文件,即使加班加点都一丝不苟;丁佳玮和肖筱耐心周到、考虑全面,面对大量的数据清洗和整理任务时,始终不厌其烦,把数据真实、准确放在第一;信息汇总分析遇到电脑难题,交给杨沁平和陈恺韵一定迎刃而解;胡逸欢甜美的声音超有亲和力,让电话里的联系对象平息焦躁,倍感温暖;新进加入的何欣和刘桐,第一次加入战斗就遇到有史以来的工作量高峰,但积极主动、能迅速适应工作节奏……

在小组的 11 位女将中,有 5 人已经做了妈妈,孩子都不大,甚至还有小不点儿"二胎"宝宝。兼顾"超人妈妈"和"战疫斗士"的形象着实不易,不过,孩子们是牵挂,也是动力。每当秦璐昕抽空与睡前的一双儿女视频通话时,听到镜头中孩子们喊着"妈妈辛苦了,加油",就感觉自己充实而满足,斗志满满。

在这段战"疫"的日子里,秦璐昕深刻体会到了作为一个疾控人的使命和责任,体会到了团结的疾控人在疫情面前的强大战斗力。

(应　琛、王　煜、黄　祺、秦璐昕、上海市疾病预防控制中心)

"疾控女侠"吴凡：
抗疫"智囊"的非凡经历

3月，上海的"暂停键"慢慢被打开，我们热爱的这座城市，即使在迷雾下依旧充满生机与力量。

逆行的她们、守"沪"的她们，诠释着上海女性的精神底色，比如她——吴凡。

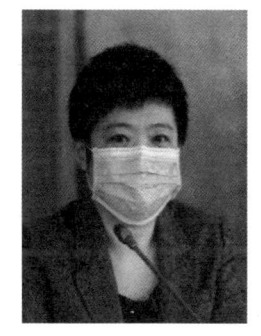

吴凡，复旦大学上海医学院副院长、上海市预防医学会会长。她亲历"非典"、禽流感、疫苗风波……人称"疾控女侠"。

新冠肺炎疫情暴发后不久，作为上海市疫情防控公共卫生专家组、中华预防医学会新型冠状病毒肺炎防控专家组、中国-世界卫生组织新型冠状病毒肺炎防控联合专家考察组成员,她受命当下,科普、研判、思考,为我国和各国下一步防控工作提供专业建议。

鼓励全民行动应对"大考"

上海市新闻发布会上,面对流言,她铿锵有力:上海确诊非常快,从就诊到确诊平均时间一天。面对恐慌,她淡定安慰:乘坐电梯不用过分紧张,掌握病毒特点,科学防护。面对疫情走低,她坚定喊话:千万不能麻痹大意,千万不能心存侥幸,千万不能放松措施。

2月24日是复旦大学原计划开学的第一天,全体复旦学生迎来了一堂特殊的网上第一课。这一堂重要的课的"重磅"授课者是吴凡和"硬核教授"的张文宏。吴凡从流行病的角度介绍新冠肺炎在全国和上海的流行情况和趋势,提出防控策略。当天在各平台累计播放量超过200万,广受师生和网友好评。

向市民科普之外,吴凡的"主战场"在研判疫情。她自称这次是"二线队员":"大家都很忙,需要有人在如此'光速'的节奏里,不断静下来回顾事态发展,分析、预判下一步走势。"吴凡就是"几颗静下来的脑袋"之一。

连日考察北京、四川和广东防控情况,她郑重提出:其他国家和地区要将目光投放到武汉以外的省市,这些地区更能提供参考样板。与此同时,吴凡和专家组同仁一道,仔细分析各地疫情走势,形成针对性指导意见。比如不能因防控疫情而简单化地叫停各地复工,并倡议将每年的1月23日定为"国家公共卫生日"。

二、激活上海"免疫"系统

历次疫情面前,始终坚持科学决策、理性应对,这点很重要。新冠疫情的确诊病例增速趋于放缓,这是专家"大脑"与政府行动"合拍"的结果。"所有今日的冷静应对,都来自昨日的星夜兼程。"吴凡深知,居安要思危,有备才能无"患"。

关注当下、思考未来

迎战上海 H7N9 禽流感疫情,是吴凡的重要"战疫"之一。2013 年,正是她建言上海果断关闭活禽交易市场,为中国有效阻击"全球恐慌"的人感染 H7N9 禽流感立下汗马功劳,获国务院和世界卫生组织高度评价。

吴凡说:"这次比上次难。"最大的不同是:人感染 H7N9 禽流感是上海本地发生的,更容易及时发现"苗子",掐灭在萌芽状态；而这次是输入性的，一开始就不是"苗子"阶段。

身处"二线"却"身兼多职"的吴凡时常出现在不同的城市，早上7点多飞机落地，8点半开视频会，然后开始各种考察、评估、沟通、商议，晚上10点半开完当天的视频会，紧接着还有各种小组会、碰头会，常常持续到半夜。直至次日凌晨后，一天的工作才算告一段落。这是三十多天来吴凡的日常。

她还在争分夺秒的忙碌中思考公共卫生人才培养、完善重大疫情防控体制机制、健全国家公共卫生应急管理体系等问题。"关注当下 思考未来"，作为"静下来的脑袋"，吴凡知道，她不能慢下来。

聚焦健全的公共卫生体系

公共卫生功在平时。作为一名全国政协委员，吴凡今年的提案，自然聚焦在公共卫生建设上。

疫情尚未发生的2019年6月至9月，吴凡作为牵头人，和全国政协社会福利和社会保障界别的部分委员兵分四路，奔赴全国6个省份进行了"落实预防为主，切实加强公共卫生体系建设"专题调研。调研囊括了全国31个省疾控中心和国家疾控中心，并针对全国600多个地市、县区做了书面调查。通过调研，吴凡掌握了翔实的数据，并总结出了一系列公共卫生体系尚存在的体制机制问题，不少问题都在此次疫情中有所体现，这也为她的履职提供了坚实可靠的基础。这一报告将由她所在的全国政协社会福利和社会保障界别提交给大会以及有关政府职能部门，并进行专题协商。

二、激活上海"免疫"系统

吴凡表示,论对卫生事业的投入产出比,可以看两个方面的指标。一个是世界卫生组织用来比较人群健康状况的三大指标:居民的期望寿命、婴幼儿死亡率、孕产妇死亡率。上海的这三个指标,超过了大多数发达国家,我们是在第一阵营的,这就能说明我们上海在预防和治疗上的投入产出比很好。第二个方面的指标是看人的健康期望寿命。如果能做到"健康期望寿命"长,那就意味着我们把有限的资源投到了最有效的地方,而且我们整个医疗卫生系统的质量也比较好,所以它产出是比较好的。

接下来,吴凡琢磨得最多的,是如何培养人才。大学的任务是适应时代之需培养优秀人才,那么公共卫生人才的培养就是高校最重要的任务之一。怎么样让更优秀的人才能够到公共卫生这个领域来?她认为,只要具备了很好的社会认同、广阔的职业前景以及比较高的工作平台,最后还能有一份比较体面的收入,最优秀的人才,一定会到这个领域来,让社会发展得更好。

(申晓莲、黄　祺)

战过非典的老书记，
揣着一本特殊"手账"

2020年1月底2月初这段特殊的时间里，苏嵘实在是太忙了。

苏嵘，徐汇区田林街道长春居民区党总支书记。2002年她来到居民区，经历了非典的防疫工作，而此次当疫情来临时，除了每天投入一线进行排查防控，她还自己制作了一份特别的"手账"——防控工作记录。

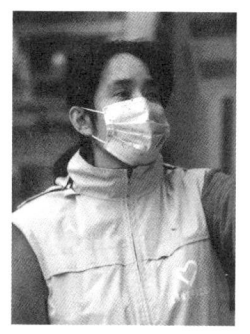

田林街道，是上海中心城区老公房密度最高的纯居住型社区之一，区域内公交站点多、菜场多、小饭店多，67个小区常住人口10万，老龄化程度达35%。"想着我们街道经历过非典防疫的老书记大概只有我一个了，我

二、激活上海"免疫"系统

必须把每天该做的事、要做的事,以及感想简单记录一下、总结一下,从中可以归纳出一些经验,提供给需要的社区,让大家一起更好地做好防疫工作"。

疫情中的基层社区干部

苏嵘的工作记录中列举了这样一些关键点:

比如,主动排查,及时通过智慧小区门禁系统来排查、对比、联系,记录进出人员的情况。

主动消毒,"社区楼道口和电梯消毒这件事,我们必须提早安排,否则万一遇上消毒物资紧缺,那时已经来不及了"。

其次,主动宣传,在楼道和居委活动室及时张贴友情提示,滚动告知每日情况。

再次,主动辟谣。"辟谣非常必要,可以缓解不必要的恐慌和混乱"。要充分利用多元信息渠道,对于社区各类微信群里的谣言必须及时提醒和制止,提醒的言语要有水平有智慧,避免引起不必要的社区矛盾。对于居民的来电和微信,要及时回答,让大家充分了解情况才能避免恐慌,正确对待疫情。苏嵘举例说,大年夜当日,微信上一则关于田林地区六院附近"封路"的视频流传朋友圈,引发大家疑惑,在核实消息不实的情况下,街道、居民区立刻开展排查,在缜密及时的工作下,这个散播假消息的居民当晚就到派出所自首了。

此外,她还提到了主动加强心理健康的介入,对于一些居家隔离的人员及左邻右舍要加强心理疏导,引导他们树立起积极正面的态度。

和街道内各居民区一样,长春居民区的社工全部取消休假,组织居委党员、物业人员等对所有小区的电梯间、楼道等公共部位进行每日消毒;每天通过不同方式,对重点人员和车辆进行排查,做好宣传和居家观察;同时,还针对居民的疑惑和不解做好宣传解释工作。

"当然,光靠居委干部也忙不过来,我们团结起了一支庞大的力量",苏嵘这样说。

她举例说,每天上午物业保洁保安将进行公共场所相关设施消毒,下午1:30-3:30居委接手在四个小区每个楼道、每台电梯进行消毒,"物业的保洁工太累了,我们要帮他们分担一些,社区是大家的,人人有责"。

与此同时,在小区外部,街道内市场监管所、派出所、社区卫生服务中心、城管中队、市容所等职能部门也组织力量对辖区内宾馆、酒店及民宿进行全面排查,做好宣传引导、登记上报、消毒卫生等指导监督工作;做好辖区集贸市场管理,尤其是肉类商品流通环节和消费环节的监管;加强辖区外环境整治及清洁力度,持续提升环境卫生整洁程度;做好防控工作健康提示,普及防范措施等。"我们尽全力配合相关部门工作,一起让小区内外'无忧'。"

看得到党组织,居民多一份安心

疫情中,苏嵘连续多日没有休息,奋战在一线,为小区设施消毒，为居家隔离者买药、送饭、扔垃圾，她都义无反顾冲在最前面。

"虽然我心里也有压力，也害怕，但疫情就是命令，防疫就是责任。作为党员，就该顶在一线，让群众看到组织的存在，让他们多一份安心。"

社区干部队伍中，不少年轻人冲在了前面，比如1992年出生的入党积极分子社工胡晓阳，1989年出生的社区报到党员王义然主动请战，跟着队伍从23日起每天参与消毒，风雨无阻，并及时将消毒情况通过微信发到各类居民群里，让大家放心安心。

这支队伍倾力一线，感动了社区内很多党员和群众，他们纷纷主动请愿要求参加每日的消毒、上门送餐等服务，考虑到卫生防御物资（口罩和手套）不能一下子保障，苏嵘给他们编列了"预备队"让他们做好准备，随时应战。

这份特殊"手账"的封面记录着："2020年1月22日开始"，而截止日还是留空着。"通过大家万众一心，守望相助，相信这个日子一定会早点到来。"

（《文汇报》顾一琼）

女性的力量 \ 中国抗疫战中的上海女性

社区警花破解"心中之疫"

"我怎么办？我会死吗？"听说自己所在小区发现一例新冠肺炎患者的密切接触者，且身边同事前几天都和此人接触过，杨浦区五角场街道的王娜（化名）顿时紧张起来，同事们一边安慰，一边向当过军医的社区女民警谢明萱求助。

谢明萱给人的第一印象是和蔼可亲、平易近人、说话有条不紊。从小就有个"警察梦"的她，当脱下军装、穿上警服的那一刻，就下定决心要在平凡的工作岗位上做好每一件小事，走进社区，走进居民心中，维护社区的平安和谐。

二、激活上海"免疫"系统

在杨浦公安分局成立的医卫志愿者服务队中,谢明萱以自己的医学知识为社区抗疫一线提供支持。她为王娜悄悄进行"心理按摩"几天后,面貌一新的王娜重返工作岗位,而谢明萱又欣慰地投入新的工作。

让恐惧者笑了

王娜产生焦虑情绪的那些日子里,同事觉得她像丢了魂似的,感到有必要找专业人士来开导开导,于是请来了谢明萱。

两人刚通电话时,王娜很恐惧,一直念叨着"这个病没有特效药""传染防不住"。谢明萱没有武断地批评她过度紧张,而是安慰说"你的紧张很正常",再结合医学知识进行了解和疏导,告诉她:"没有特效药不代表无药可救……我看你感染的风险很低,最主要的是调整自己的认知与心态……"

王娜的情绪缓和下来后,谢明萱又针对她长期有睡眠障碍问题,建议她通过适当运动、呼吸放松训练等方式,"少看朋友圈里容易引起恐慌的消息,晚上8时后最好别碰手机",确保充足睡眠,抵御焦虑情绪。

之后几天,两人每天都保持联系,到了第四天,谢明萱再次询问王娜的情况,她竟聊着聊着笑出来。谢明萱知道,这下,王娜已从坏情绪中走了出来。果然,就在几天前,她已不再害怕与同事接触,重新投入到工作中。

走街串户、了解社区民情是谢明萱每天的"必修课"。白天,她挨家挨户入户调查、上门回访；晚上，她带领治保人员深入小区开展巡逻。遇到群众委托办理业务，总是热情受理或一次性解释清楚，从不让群众反复"折腾"。社区组织的各项公益活动、每月的社区党员组织生活，她总是尽可能参加，增强居民群众对社区民警的亲近感和信赖感。

"有困难就说一声，或者打我电话"，这是时常挂在她嘴边的话。也因此，她被大家赞为"社区居民的好闺女"。然而疫情防控开始后，谢明萱却半开玩笑地说，自己"在阿姨爷叔面前变得不受欢迎了"。

原来，她所在的社区有幼儿园、敬老院、社区卫生服务中心，无法封闭式管理，人员进出较多，一些在家闷不住的老人还像往常一样聚到空地上活动，兴起时还摘下口罩，连子女都劝不住。但谢明萱无论是路过时撞见，还是接到子女求助信息后赶去，只要看到老人扎堆，就会耐心劝导。一段时间下来，老人都知道了谢明萱的"约法三章"：出门一定要戴口罩，一个长凳只能坐一个人，"错峰"晒太阳。

当然，这个"不受欢迎"是谢明萱在特殊时期的自我调侃，实际上，她不仅没有不受欢迎，"朋友圈"里还多了百余名新朋友，他们都是扫描"社区民警谢明萱"二维码进行线上回沪信息登记的来沪返沪居民。现在，她的微信联系人已有两百余名社区居民，她会不时发送一些防控信息，增加大家的安全感。

因为有医学知识，还是社区防控达人，她提醒"酒精喷洒办公室消毒有安全隐患，不如用消毒水拖地擦桌"，"保洁员一边给门把手喷洒消毒水，一边用抹布擦干，这是无用功，应该自然晾干"……

居委干部、物业人员和居民们常去请教这位既是民警又赛医生的警花，他们说："问过谢警官，我们才踏实！"

初来乍到曾被质疑"来赛伐"

但事实上，2009年，踏上社区民警岗位上班的第一天，"非科班出身"的谢明萱便成了小区居民口中谈论的话题，"小区新来了个社区民警，没想到是个女的，还是第一天做警察，她到底来赛伐（行不行）？"谢明萱对此表示理解，居民既然有想法，那就要通过实际行动来打消他们的顾虑。

当时谢明萱分管的小区房屋自住率低且技防系统落后，前两年曾发生多起入室盗窃案，居民对此意见很大。接管社区工作后，谢明萱积极协调居委会、物业公司，并协调辖区有关单位出资改造该小区落后的技防系统。在居委会的协助下，谢明萱一次次上门做工作，同时积极整合小区内治安巡逻力量加强巡逻。通过努力，该小区不但新装了电子围栏，对绿化进行了全面修整，还改装了楼宇对讲系统、电控门。当年小区入室盗窃案件下降为零，居民拨打110报警数明显下降。

2018年的一天夜里，小区附近一家小吃店的营业款被盗。谢明萱通过反复走访调查，在监控画面的模糊影像中发现小偷是骑着共享电动车作案的。通过侦查，她确认了小偷的居住地，随即便与同事开展守候伏击，最终将其抓获。犯罪嫌疑人到案后还有些不相信，将他快速捉拿归案的，竟是这个看上去文质彬彬、弱不禁风的女社区民警。

如今走进小区,谢明萱同样是居民聚焦的话题,只不过,内容完全变了。"知道我们的社区民警是谁么?"现在,不少居民看到有新邻居搬进来时都会"忍不住"这样"炫耀"。在谢明萱所管辖的小区内,她的名字几乎等同于"安全卫士"。

(《新民晚报》孙　云)

二、激活上海"免疫"系统

女警战"疫",铿锵玫瑰散芬芳

一个命令,监狱女警召之即来;一场战斗,所有人员冲锋向前。上海市女子监狱(以下简称上海女监)的女干警们,守土尽责,忠于职守,用实际行动,践行从警之誓言。

在监狱这片特殊的战"疫"之地,不仅有与疫情作斗争的激情、豪情,也有春风化雨、女性特质的温情、柔情。铿锵玫瑰用爱感召,以德服人,专业素养过硬。她们既是英姿飒爽的巾帼英雄,也是一个个平常普通的妻子、母亲;她们的背影,挺直、坚定而美丽。

这里有警官,我们很安全

"母亲文化"是上海女监在长期探索实践中,不断挖掘"女警"与"女犯"的共通点,逐步形成的富有女性特色的监狱文化"品牌"。连续多年,女监都围绕"爱"的主题,坚持开展母亲文化节活动。

从草长莺飞的3月开始,到欣欣向荣的5月收尾,监狱民警会围绕主题,以不同形式开展教育活动,引导服刑人员反思、反省,找回责任感，重新学会爱。同时，也会在监狱民警中开展相关主题活动。今年，因为新冠肺炎的特殊情况，女监母亲文化节的主题是"感恩有你 同心战疫"。

"我们以感恩为主题，策划今年的母亲文化节活动，对服刑人员开展爱国主义教育和感恩教育，希望服刑人员能够明白疫情发生后，正是因为有国家，有各行各业的人付出与努力，我们才能够平安，教育服刑人员感恩作为强大后盾的祖国母亲，感恩在抗疫中'逆行'的社会各界人士，感恩帮忙照顾好家庭的家人。"上海市女子监狱教育科科长黄音介绍。往年母亲文化节，上海女监会请服刑人员家属进大墙一同参与活动，但今年为了确保安全，监狱暂时停止了亲情会见，母亲文化节的活动形式也有所变化，不再组织大型集中的活动。不过，围绕主题的活动没少。

无法与家人见面，但是可以打电话、写信，或者用绘画、美术作品的方式表达对母亲的感恩和思念。疫情发生后，监狱及时组织服刑人员与家人通过亲情电话联系，缓解对彼此的挂念、担忧，还开展了写家信的活动，在特殊时期以特殊的交流方式维持感情上的连接。

此外，民警也组织服刑人员收看有关抗疫的公益MV、纪录片、新闻节目等，了解包括医务工作者在内，各行各业的人为了抗疫所做的努力，并开展主题征文等活动，得到了较大的反响。当看到为了出征而剪发的90后女护士、接送医护人员的快递小哥等平凡人的不凡事，有些服刑人员默默流下了眼泪。在黄音看来，真正能打动人的，就是这些日常生活中能接触到的真实事例，它们能在潜移默化中引导服刑人员向善向美，也教会她们，做到自己力所能及的事，就是一种善。

"我们希望教育引导她们，虽然没法像医护人员那样为其他人付出，但至少管好自己，做好自己的改造，就是力所能及的奉献。一个微小的举手之劳，也是善与正能量的体现。"黄音说，这也是女监这些年来在服刑人员中开展的"微善良"教育。

为了让服刑人员能及时表达情感，民警在各监区准备了一块"留言板"。让民警们意外的是，除了感恩祖国、医护人员和家人，民警们也收到了许多感谢。这对许多已经坚守岗位两个月的民警来说，是安慰，也是认可。"除了留言，也有服刑人员在家人打电话的时候说，这里有警官，我们很安全。"黄音感慨，"我们做的一点一滴，她们都看得到。"

巾帼文明岗，成绩突出作好榜样

上海女监三监区团队是一支奋战在执法一线的优秀"娘子军"，是"上海市巾帼文明岗"荣誉称号的获得者。36名女干警敢于担当、勇于奉献，在挽救灵魂、维护安宁的岗位上发光发热。

她们不仅帮助罪犯顺利回归社会，更帮助迷途者守法向善，打开封闭的"心门"。变化多端的犯情是监管安全的不稳定因素。由于部分罪犯的家庭教育、思想认识、人生阅历等方面都存在着严重缺陷，从而导致了违法犯罪的严重后果，也给监狱有效教育管理带来极大挑战。对此，三监区一手抓主题教育，一手抓技能培训，帮助犯人悔过向善，重拾生活的信心和希望。

精神状态不稳定的女犯王某即将释放，却在狱内因琐事与其他犯人发生肢体冲突，事后还提出无理索赔要求，遭拒，于是扬言出监后要"讨说法"。服刑期间，王某已与丈夫离婚，她同时"放话"称出狱后定要骚扰、报复前夫。为消除安全隐患，三监区组织干警认真排摸分析王某的家庭关系，想方设法找到了教育的突破口，对王某加强思想教育的同时，进行有效的心理疏导，终于使王某认识到了思想和行为的违法性和危险性。干警还以人为本，帮助王某通过司法途径维护正当财产权益，亦多次与王某户籍所辖派出所、社区联系沟通，认真做好衔接预案，使王某顺利地回归了社会。

疫情期间，三监区作为高度戒备监区，一边加强防疫安全，一边针对思想顽固、对抗管理，甚至影响监管安全的罪犯进行"攻坚"，成功做好了3起罪犯刑释衔接工作。三监区领导表示，刑释衔接工作容易碰到各种各样的问题。有些犯人特别爱面子，喜信口开河，欺骗性强，上报登记的材料都是虚假的，从而导致刑释衔接难以落实。面对这样的情况，女干警以细心、耐心、恒心一一核实线索，不仅加强对犯人的教育引导，也与她们的一开始不太配合的家属不断地联系沟通，做通各方思想工作，确保刑释衔接有序进行。

监狱是一种封闭的环境；疫情暴发后，长期封闭在小单元的监管环境里，一些思维偏激、心胸狭窄的犯人，常常因为鸡毛蒜皮的小事与同监犯吵闹不休。此时，女干警们会多管齐下，通过谈话、教育、或者是借阅书籍等方法，巧妙化解矛盾，转移了犯人的注意力，引导她们舒缓情绪，平和心境。

另外，出于安全健康考量，疫情期间，家属不能探视犯人。这

二、激活上海"免疫"系统

样一来，家属是否来信、来电话，即家属是否真的关心犯人、犯人与家属的关系，就会"暴露"在同监犯面前。一些"爹爹不疼、姥姥不爱"者，心理落差自然很大，压抑的情绪进一步加深，觉得自己已被彻底抛弃。甚至有犯人在小本子上写：既然没人理会我，那我也不想活了。俗话说，心病还须心药医，女干警们了解情况后，会帮忙积极联系家属，让犯人和家属多交流，一股股暖流，终是融化了自我封闭的坚冰。

在做好本职工作的同时，女监三监区团队还广泛开展公益志愿活动，让青春在人生价值的彰显中不断飞扬。松江泗泾中心幼儿园等学校是三监区干警志愿活动的共建单位，干警常为幼儿开展防拐宣讲活动，通过小故事、脑筋急转弯、案例讲解等方式，带领小朋友在游戏互动中掌握安全防范知识，提高防范意识。

春节以来，监区干警们忙得没停过，所有人迎难而上，没有退缩，一专多能。女监三监区团队，无愧"上海市巾帼文明岗"的称号！

"最美家庭"——"双警"之家

"妈妈，你再不回来，我都快不记得你的样子了……"
"爸爸妈妈，你们是不是不要我了啊？"

左手牵着爸爸，右手牵着妈妈……对于大部分孩子来说，这不是什么奢望，可对于这次疫情中上海监狱系统112个双警家庭的孩子来说，却像一个很难实现的梦。

双警，意味着夫妻二人面临着同样的警情征调，也意味着一个家庭要同时托举起两份人民警察的职责和担当。疫情来势汹汹，就是警情，就是命令；若有战，召必回！内心纵有万般不舍，在集结号吹响的那一刻，双警家庭的夫妻二人，默默将牵挂藏在心底，各自请战，毅然冲上抗击疫情的第一线。

85后的马敏和伍亦君，就是这样一对双警夫妻，妻子马敏是女子监狱一监区狱政副监区长，丈夫伍亦君则是北新泾监狱一监区狱政副监区长，他们还有一个可爱的儿子，丁丁，今年7岁了，上小学一年级。

今年的大年夜，夫妻俩都在各自监狱值班。年初二马敏刚回到家，就接到了监狱的通知，第二天一早立刻应召赶赴监狱参与首批封闭执勤。就这样，小夫妻仅仅团聚了一天，此后，各自参与了两轮执勤，时间交错，这一别竟是三个月没有见面，这也是他们第一次离开孩子这么长时间。

"妈妈，你明天就走了，可是爸爸要过两个星期才能回来，我要是作业不会做，能不能等到晚上跟你视频的时候你教我再做呢？" "爸爸，今天我可厉害了，上课的APP一次都没错，还有我的作业也全都是自己上传的，等你回来你怎么奖励我啊？" 对丁丁来说，爸爸、妈妈只能有一个在身边，有时候甚至两个都不在身边，已经成了一件再正常不过的事情。而每次看着儿子，马敏和伍亦君总忍不住鼻子一酸，心中内疚亏欠了小宝贝。

孩子，永远都是父母心底最柔软的牵挂。有哪一对父母不愿意两个人一起陪着年幼的孩子慢慢长大，在他开心的时候陪着他一起欢笑，在他不开心的时候给他一个大大的抱抱，在他遇到困难的时

二、激活上海"免疫"系统

候教会他人生的道理,不错过他成长中任何一个重要的时刻呢?然而,"双警"之家也清楚,一时的无暇顾及,只为千千万万的上海人民,为了平安上海、法治上海的建设。终有一天,孩子们会更了解爸爸妈妈,会以有这样的爸爸妈妈而自豪。

封闭执勤期间,马敏曾写给伍亦君一封信:

"老公,全封闭以来,你跟我说的最多的话就是'加油!等你执勤结束的那天,我和孩子一起来接你回家'。

你看,写到这里,我又一次忍不住哭了。

双警家庭真的有很多不为人知的辛苦,平时我们要错开值班,疫情期间要错开战斗,可总有错不开的时候,我们的家人就要承担双倍的辛苦……

但是,我最骄傲的,还是和你穿着同样的制服,始终感觉和你一起并肩作战。

我们既是同行(hang),也是同行(xing),

穿上警服,一路同行。

这次是这样,人生的道路也是。很高兴,认识你;也很庆幸,一路上有你。青春是你,余生也是你。

老公,照顾好孩子,也照顾好自己,等到那个春暖花开的日子,我们一起听欢声洋溢。"

这些故事,不仅仅是几名女干警在这个春天的热别经历,更是上海全体女警在特殊时期众志成城、共克时艰的缩影写照。向她们致敬!

(孔冰欣)

女性的力量 \ 中国抗疫战中的上海女性

地铁班长"丽姐"的一天：
最关心地铁消毒无死角

大年初十，清晨4：30，王丽丽（同事们都叫她"丽姐"）比往常提早了半小时出门，老公从家里开车送她到接驳地铁站，前往工作地点上海7号线常熟路车站。

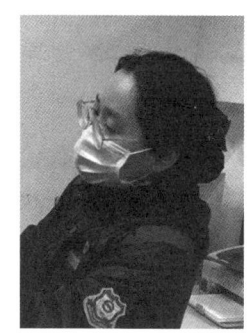

作为上海地铁系统的一名普通值班站长，"丽姐"在常熟路站工作了11年，早已习惯了春节没有假期的日常，只是，今年格外不同。

人流量骤降，工作压力剧增

常熟路早班车的运营时间是6：01，每到值班换班的前一晚，为了做好每班

二、激活上海"免疫"系统

之间的衔接工作，王丽丽等3位值班站长都养成了隔天晚上电话沟通、交接事项的习惯。2020年1月22日起，关于站点必须戴口罩、进出站消毒测体温的通知下发开始，运营前的准备工作变得不同寻常，站长作为第一个到站的人，提前到站的这30分钟，尤为重要。

清晨5：30，王丽丽到了车站。除了巡视站厅、站台和7个出入口，发放备用金等常规准备工作外，先是配置了1：20滴露稀释消毒液，补足了客服中心、车控室、值班站长室等重点部位的分装瓶，又额外稀释了2大瓶以备随时取用，在客服中心简单喷洒消毒后，等保洁阿姨来了之后，再用小喷瓶二次彻底消杀。

5：42，早班的员工开始陆续到岗了，在班前会上，王丽丽重点叮嘱每个岗位的员工"戴口罩要规范，口鼻都要遮住""换岗休息第一件事就是洗手，别忘了用洗手液"。这些也是其他站长昨晚重点叮嘱的。5：54，首班车准时到达常熟路站。监护开关门作业，目送列车驶离站台。

常熟路站是大站，紧挨着静安寺，工作日高峰期时人流量最高能达到10万人次，加上换乘站多，站点附近分布的医院也多，防控的不确定性很大。但情况变化得也很快，大年初一人流量突然骤降，那天ATM自助售票机的营业额只有200多块钱，包括刷卡、大都会、投币等加在一起，一天的总收入也才6800块。

虽说人少了，但王丽丽心里的那根弦紧绷着，因为一旦有确诊或疑似病例乘坐地铁，考验会非常大，为此，她所在的运三公司，为有效阻断疫情扩散传播，根据人流量的划分，启动了A方案、B方案和B+方案。比方说，当双头班车客流达到1300人及以上时，

引导乘客分散车门上车,避免扶梯处大客流聚集风险。

特别是针对乘客出现的紧急情况,设置临时隔离区。2020年1月31日,春节值班期间,同事静安寺站值班站长施悦峰,曾遇到过一名发热病人,那天早上7:28,一位乘客到站下车后,询问站务员董昉毅附近有没有医院,得到答案后仍逗留在站台。

董昉毅主动上前询问情况,乘客这才反映:"身体不适,有发烧的症状。"虽然后续120医护人员到达现场测量体温后,发现该乘客体温正常,但出于对乘客健康负责,在征得乘客同意后,120医护人员将该乘客送往华山医院。同时,车站安排了一名工作人员跟随民警乘坐出租车一同前往医院,了解后续情况。

乘客离开后,车站迅速组织开展了后续消毒工作。施站长通过

二、激活上海"免疫"系统

视频回看,确定了乘客下车的具体车门。保洁阿姨把站厅、站台都彻底打扫消毒了,重点是下行站台 2-1 至 2-5 屏蔽门、候车椅和自动扶梯扶手等乘客停留和行走的地方。后来,根据民警查到的记录,这位乘客刚从湖南回来,情绪有点紧张,可以理解,希望他没事。

每一个平凡岗位上的人都在发光

消毒和个人防护工作,车站最关心。7 号线静安寺党支部根据公司党委要求,7 号线党总支统筹安排,组织支部党员成立疫情防控突击队"静心保障突击队",常熟路站就是其中一员。消毒工作是首要,除了列车、办公室、站台等大面积消毒外,门把手、闸口、自助售票机、自动扶梯扶手带、乘客休息室、厕所等也要做到"360度无死角",这方面,王丽丽叮嘱保洁阿姨每间隔两个小时循环消毒一次。

作为值班站长,王丽丽时刻关注疫情数据,内心非常担忧。毕竟,她的站点有 33 个员工,90 后的比例占到一半,特别一些 95 后的"小朋友"不太好管,戴口罩久了,就想露出鼻子,或者在人少的时候取下来一小会儿。王丽丽看到后,就会唠叨,"小朋友"嘴上会说:"丽姐,你怎么像妈一样。"但还是会乖乖戴好。

在王丽丽心里,保证同事们的安全以及乘客的安全,永远第一位。大家的吃饭问题站里也想了法子,之前是叫外卖,但疫情下为了不增加外卖小哥的风险,尽量不叫外卖。大家都很自觉地带饭,卫生又安全,站点上有一个按照标准消毒的休息室,专门供员工错峰就餐，就算不小心撞在一起，大家也会主动坐很远。

做好个人防护，是对自己负责，也是对乘客及家人负责，但仍有一些现实情况需要解决。疫情阻击战打响以来，地铁上的物资每天消耗非常大，于是，不同岗位上的同事，开始自发寻找物资支援，比如酒精、口罩、手套等等，这让人非常感动。

静心保障突击队其中一个站点肇嘉浜路站，值班站长孙怡蕾带着妈妈和老公跑了四家药店排队买口罩，最后终于在昌平路雷允上药店买到了，口罩限购1人5只，他们三人排了2轮，一共买到25只。孙怡蕾没有留下一个口罩，而是带到车站，放在站长室，提供未戴口罩的员工使用。孙怡蕾说，担心万一有人没戴，站长室里面多备两个，比较安心。

看到同事们的行为，王丽丽心里充满了力量。她说，自己是值班站长，更心疼每天在站台、在收银台、在闸口、安检口值守的同事们。他们的父母会担心吗？会害怕吗？都会的吧，但没有一个人说过，要请假，要退缩，要放弃。

23：01，列车运营结束，进入维保库做全面消毒工作，王丽丽稍稍松了一口气；23：45，把今天所有的账款结掉，在同事们都下班后，又拿着酒精小喷瓶把办公区域消毒了一遍；23：55，她脱下手套，背上包，走出地铁口，似乎闻到了树叶发新芽的清香。

（吴　雪）

二、激活上海"免疫"系统

女子清道班,每一分钟都很重要

"妈妈,你累吗?"

"累呀,都没力气说话了。"

"那你快去睡一会儿吧,不用管我了。"

接近下午六点钟,普环一分公司陈扣娣劳模班组班长成慧终于结束了一个早班的高速道口的志愿者值班,从早上6点出门,到迈进家门的时候已经过了将近12个小时,儿子自己在家吃了一天的速冻食品。

疫情发生以来,成慧和从事物业工作的丈夫整日值守在外,已经很长一段时间无暇顾及家务、照料孩子。"这也是没办法的事,疫情来了,谁不珍惜自己的生命健康,谁不想照顾好孩

子，但有一些更重要的工作我们必须顶上去，只有我们每个人都去做好自己力所能及的工作，疫情才能更快地过去。就像我儿子也知道，我自己好好待在家里，也是跟病毒在战斗。"成慧说。

环卫工作量成倍增加

从春节前夕疫情暴发到现在，成慧的工作量成倍增加。大年夜里，她一个人跑到位于远景路的劳模工作室内，不停打着电话，发着微信，一个个联系班组成员，实时掌握并上报人员信息。"不要等我吃年夜饭了，我们班员们都在一起过除夕。"成慧嘴上这么跟家里人说着，事实上整个工作室就她一个人。直到新春的钟声响起，她才终于联系上了所有的班员，把他们的方位、回沪的日期、交通工具的班次信息全部了解到了。做完这一切，成慧才顶着寒风，骑上"小毛驴"赶回自己家中。

这段时间来，整个班组除了正常清扫，还要对所有环卫设施反复消毒。此外，部分居家隔离人员的生活垃圾及普通家庭的废弃一次性医用口罩、消毒棉等污染物明显增多。对此，普环一分公司在辖区内的7个生活垃圾压缩站旁投放了两个黑色的隔离垃圾专用桶，由穿着特殊防护服的工作人员进行收集并装卸至隔离垃圾专用的车辆，陈扣娣班组所在的中远两湾城压缩站也是其中一个点。对于这些"重点关注对象"，成慧怕一线工人操作不当有所遗漏，便自己每天都奔波于各个隔离垃圾点位，严格进行隔离垃圾专用桶及附近场地的消毒工作。有时候她还不放心，把隔离桶里里外外地仔

二、激活上海"免疫"系统

细检查一遍,再次进行消毒。

45 岁超龄志愿者

随着返沪人员增加,许多高速公路站点进出口防控疫情检查工作人手紧缺,在得知招募志愿者后,成慧立即报名。事实上,这批志愿者队伍急招的是40岁以下的青年,而成慧的45岁显然已是"高龄"青年,但她说:"我虽然岁数过了,但我能保证绝对不拖后腿。"于是,她成了这批志愿者中年龄最大的成员,也是环工系统中唯一的女同志。

班员们都劝成慧,隔离桶属于高危品,多接触对身体也不好,成慧则说,"现在把控得越严格,就是对生命越负责,我们每天尽一份力,就是希望最后能够战胜疫情。"

"您好,请摇下车窗,拿出您的身份证;请出示健康云的短信;请测量体温;请打开后备厢配合检查。"这样简单的几个短句,成慧每天不知道要重复多少遍。为了不浪费防护服,尽量不吃东西不喝水,工作几个小时才能坐在塑料小板凳上缓缓腿,手套脱下来的时候,整个手都被汗水浸得过敏。而在这样的"折磨"下,成慧的第一反应是:"我终于体会到医护人员在前线有多不容易了,相比于他们的风险和付出,我们做得这些真的不算什么。"

"清道夫"也是抗疫一员

和成慧一样,南站女子清道班的"清洁卫士"们,用她们的勤劳，为"战疫"做出了不凡的贡献。

上海日华环境保洁服务有限公司南站女子清道班成立于2006年4月，现有员工98人，其中沪籍员工14人，外来务工人员84人，从事保洁的范围包括上海南站的广场及绿地，4座公厕，1235块玻璃，202只椅子，110只废物箱，75块大型广告牌。保洁时间为早上6点到晚上10点。班组成立至今，班组员工每天坚持学习简单英语会话，每周两次利用休息时间在南站做志愿者服务，力所能及的帮助过往旅客，还为长桥敬老院提供志愿者服务，开展环境保洁工作。

南站女子清道班曾荣获：全国巾帼文明岗、上海市五一劳动奖、上海市五一巾帼示范岗、上海市"妇女之家"示范点等荣誉。

今年春节，新型冠状病毒肺炎疫情肆虐。上海南站正值春运期间，人员流动大、情况较复杂，南站女子清道班按照区绿化市容局、南站管委办的防疫工作要求和公司对南站防疫工作安排，克服了有员工回老家过年造成了人手不足的困难，留守上海的员工坚守岗位，按照原定的两班制完成南站周边的保洁消毒工作。

为保障员工的自身安全，每天对上岗的每位员工进行测量体温，做好登记，并且发放一次性口罩、一次性雨衣、橡胶手套等，做到全员覆盖。在班组的办公和休息场所内，清道班每天坚持使用84消毒液、消毒片稀释后进行喷洒消毒，对班组内的门把手、窗把手、台面、桌椅等进行擦拭消毒。为了保障每位到达南站旅客的用厕安全，清道班在南站的4座公厕内实行每2小时消毒一次，同时加强做到跟踪式保洁，时刻做到公厕里干净、无异味。同时，在对南站及其周边进行垃圾收集的同时,清道班也对路边的废物箱实施了清洁和消毒,还利用冲洗三轮车对南站内主干道和公交站点的路面进行冲洗消毒,以保障来往旅客的生命安全。

"我们做得这些真的不算什么。"不,她们是城市的清道夫,她们的贡献,值得所有人的感谢。譬如成慧,譬如南站女子清道班。

和疫情赛跑,每一分钟都很重要。环卫人发扬"铁军精神",坚信定能战胜疫情防控阻击战。

(《劳动报》郭翼飞)

三

复苏和坚守

数据统计，上海女企业家约占全国女企业家总数的 25%，很多知名企业的掌门人是女性。疫情发生后，上海的女性企业家主动承担社会责任，真可谓"有钱出钱有力出力"，不计回报地支持抗疫。

尽管企业运营不可避免地受到疫情影响，但上海的女性企业家依然不忘关爱员工，积极复工复产。上海的经济发展，同样离不开巾帼之力。

- 大事记 -

| 1月 | 上海市经信委紧急融资50亿元用于支持上海市疫情防控所需物资重点生产和供应企业。 |

| 1月27日 | 上海市通知企业不早于2月9日24时前复工，发布关于鼓励错峰上下班的通告。 |

| 2月4日 | 上海水星家用纺织品股份有限公司受上海市政府部门委托，将部分生产线改装，用于生产防护服，日产能2000套。 |

| 2月6日 | 上海市政府公布《致全市各企业书》。 |

| 2月7日 | 上海市第十五届人民代表大会常务委员会第十七次会议表决通过《上海市人民代表大会常务委员会关于全力做好当前新型冠状病毒感染肺炎疫情防控工作的决定》，明确单位负有落实各项防控措施的主体责任，也明确了个人的防控责任。 |

| 2月8日 | 上海出台《上海市全力防控疫情支持服务企业平稳健康发展的若干政策措施》，提出28条综合政策举措。 |

| 2月10日 | 上海正式开始复工复产。 |

| 2月13日 | 上海通用五菱生产的第一批口罩批量出货，从想法提出到第一批口罩下线，仅用时3天。 |

| 2月14日 | 上海市经信委发布了上海企业复工指南（1.0版）。清美集团辟出两条生产线，生产一次性民用、医用口罩。 |

| 2月27日 | 上海市商务委发布《市商务委关于推动居民生活服务业复工复产的通知》。通知后附有餐饮、家政、美发美容三个行业的复工复产新冠肺炎疫情防控工作指引。 |

2月28日	上海市经信委、市应急管理局联合发布新版复工指南（2.0版），只要是做好防疫条件准备的企业皆可复工。
3月2日	上海市中小学在线教育正式启用。
3月上旬	上海三枪（集团）有限公司量产民用口罩。
3月5日	上海发布了上海企业复工指南更新版（3.0版），加快推动企业复工复产复市，做到应复尽复。
3月16日	上海市新冠肺炎疫情防控工作领导小组发布了《关于调整本市企业复工复产复市备案工作的通知》。这个被称为"上海企业复工指南4.0版"的通知，明确除需要备案确认行业和等待国家相关部门通知再复工的经营活动外，本市工商业企业和个体工商户复工复产复市取消备案，可以直接复工。
3月16日起	上海全市16个区驻点人员进入浦东、虹桥两大机场值守，专车、专人集中接送需居家隔离观察的入境人员。
3月23日起	上海对除集中隔离人员外的所有非重点国家和地区的入境来沪人员，进行100%新冠病毒核酸检测。
3月24日起	上海将重大突发公共卫生事件应急响应级别由一级响应调整为二级响应，上海市明确：将在继续严格落实"外防输入"要求的前提下，按照"适度放开、有序放开"的基本导向，优化调整现行社区防控策略。
3月25日起	虹桥机场暂停所有国际、港澳台的进出港航班业务，全部转场至浦东机场运营。

- 大事记 -

3月25日 上海发布《关于继续调整本市企业复工复产复市备案工作的通知》。这个被称为"上海企业复工指南5.0版"的通知明确,原需备案确认复工的书场演出活动,棋牌室、室内游泳池经营活动从即日起取消备案,直接复工;剧场演出活动、电影院以及利用地下空间的密闭体育场所的经营活动仍需备案确认复工。

3月28日 中国暂停外国人持目前有效来华签证和居留许可入境。

3月28日起 上海对所有入境来沪人员一律实施为期14天的集中隔离健康观察。

3月31日起 上海对所有入境来沪人员进行100%新冠病毒核酸检测。

4月1日 上海按照国家卫健委要求每天公布无症状感染者的情况。

4月7日 上海召开公共卫生建设大会,李强要求把上海建设成为全球公共卫生体系最健全的城市之一。

4月8日 上海鼓励和支持企事业单位,根据复工复产需要对来自部分地区新到岗(返岗)员工进行新冠病毒核酸检测。

| 4月10日 | 上海市新冠肺炎防控工作领导小组举行会议，传达学习贯彻落实习近平总书记重要讲话精神，全面落实常态化要求，既要做好外防输入工作常态化，也要做好内防反弹工作常态化。|

| 5月4日 | 上海启动"五五购物节"，贯穿五六两个月，涉及120余项市级重点活动和480余项特色活动。|

| 5月8日上午 | 上海市政府决定，自5月9日零时起，将上海市重大突发公共卫生事件应急响应级别由二级响应调整为三级响应。进入常态化疫情防控阶段后，上海市将坚持"外防输入、内防反弹"的防控策略，切实落实常态化防控的各项举措，进一步巩固疫情防控成效。|

| 5月18日 | 上海市疾控中心主任付晨在国务院联防联控机制新闻发布会上表示，上海市通过做实"三个闭环"——入境人员的分流排查闭环，人员的封闭转运闭环和社区的管控闭环——来开展"外防输入"的工作。截至5月17日，上海市通过"三个闭环"的管理，已经累计隔离了入境人员超过11万人，其中累计确诊境外输入性病例326例，没有发生由境外输入病例引起的本地传播。|

| 5月19日 | 上海官方公布复工复产复市指南6.0版，进一步有序开放室内景区景点(含景区景点室内区域)、演出场所、网吧、歌舞娱乐场所、棋牌室。另外，上海分批恢复线下培训服务。|

上海复工复产复市，为何有底气按下"快进键"？

虽然有点倒春寒，但上海市民期盼已久的春天还是来了。而这座城市里大大小小的市场主体，也在盼望着整座城市经济活力、社会活力的回暖。我们不禁要问，在外防输入的同时，上海复工复产复市能不能提速？答案是：当然！而且，上海已经按下了"快进键"！

上下大调研，仔细摸家底

提速并不难，难的是精准提速，否则欲速而不达。为此，上海做足了"功课"。

上海早在2月8日就出台了抗疫惠企"28条"，但这样的政策是否是当下企业真正需要的，执行起来还会遇到哪些困难？政府心里也没底。为此，上海市委书记李强要求逐条细化落实，以求更有

三、复苏和坚守

针对性地为企业解决成本攀升、融资困难、供应链断裂等突出问题。

与此同时,根据上海市委决定,市、区两级领导干部集中走访企业,"切实帮助企业解决实际困难,支持企业抓好防疫工作和复工复产"。61岁的上海市委书记李强,3月以来走访了上海许多企业,不愧是"魔都第一店小二"——

3月初,李强前往3M中国有限公司、杜邦(中国)研发管理有限公司、均瑶集团、复星集团了解情况,并以此拉开一场全市"大走访"的序幕。而后几天,他又去了喜马拉雅、哔哩哔哩、饿了么、小红书等沪上知名互联网企业,了解企业落实新冠肺炎疫情防控主体责任和复工复产情况,并倾听企业负责人的意见建议。当他3月12日到崇明调研时,又专门到访长兴岛上的江南造船(集团)有限责任公司,了解企业疫情防控和经营发展情况。

有时实在走访不过来,干脆把大家请过来"拉家常"——3月上旬和下旬,李强分别召开两场企业座谈会,共请来二十多家沪上国企、民企和外资企业负责人,零距离聆听企业的心声。在两场座谈会上,李强认真倾听记录大家的意见建议,并就关心的问题与企业负责人进行深入交流。座谈会结束时,李强当场拍板表示,相关部门要认真梳理、积极采纳,抓紧帮助企业解决面临的具体困难,积极推动破解共性问题的政策瓶颈。

如果算上2月份检查商务楼宇、企业、园区疫情防控时,曾先后走访的上药集团、之江生物、斯微生物、华为、顺丰、分众传媒等企业,一个多月来,李强同30多家企业有过接触或对话。从国企民企到外企,影响上海经济活力的各行各业,李强几乎都摸了个遍。

截至 3 月 23 日上海市经济信息化委的数据，上海的汽车产业、集成电路、生物医药等重点产业基本已全面复工。上海中小企业复工率达 89%，人员到岗率 79%。

复工率高，不仅是因为领导的走访和座谈，也因为政府了解企业难题后第一时间给出解决方案，这才有了加速的可能。李强走访过的江南造船（集团）有限责任公司就是很好的例证。3 月 25 日 15 时 30 分，两辆来自湖北的大巴缓缓驶入中国船舶集团所属江南造船位于长兴岛基地的东部生活区，41 名来自湖北武汉的江南造船协作单位的技术人员陆续下车。这也是上海企业派发的首批赴湖北的"点对点，一站式"专用包车。

据悉，由于重点工程建设需要，江南造船和位于湖北省的协作单位主动对接，在上海市政府和湖北省政府的大力支持与帮助下，经上海市交通委特批，首次将复工包车开入湖北。承担任务的两辆大巴于 3 月 22 日 5 点多从长兴岛出发，当天晚上 5 点抵达鄂州服务站。3 月 24 日下午，通过当地政府有关检测，并在做好江南造船要求的防护措施后，41 人登上了这两辆返岗直通车。经过 4 省 1 市长途跋涉，最终安全抵达长兴岛。随车返沪的技术人员宋先生说："我们承担了国家的重大工程，早一天抵达，就可以早一天开工，早一天完成任务。"

据悉，2020 年全年，江南造船共计划交船 15 条，目前在建项目 20 条。2020 年开年至今，已有 3 条船顺利交船。正是因为市政府的重视，才让企业在第一季度疫情影响的情况下，做到"一键重启"。

三、复苏和坚守

复工指南 5.0 版惠企细则多

2月10日上海复工复产之后,社会各界就在为这座城市的"重启"出谋划策——2月中旬,上海市政协妇联界别向市政协提交了两份提案议案《关于当前疫情下金融科技助力企业生存发展的建议》和《关于疫情防控期间保护女性职工和女企业家权益的建议》。

上海社会科学院经济研究所沈开艳和周婷在《关于当前疫情下金融科技助力企业生存发展的建议》中提出三点建议——尽快在全国推广允许妊娠期和哺乳期女性职工弹性工作制政策;对双职工家庭职工在家看护子女的政策进行推广和更细致的安排;对女企业家所在中小企业进行摸底、纾困、帮扶。

而《关于疫情防控期间保护女性职工和女企业家权益的建议》则建议相关机构合作,在上海市政府原"一网通办"基础上,建立完善"企业云"板块,搭建银企对接平台,为日常经营良好但因突发疫情陷现金流困境的企业给予在线专项贷款资金支持,实现金融科技助力企业生存发展,共克疫情带来的影响。

上海政府从2月14日到5月19日公布了六版复工复产复市指南,由此可见政府对于市场管理的精细化。

这种精细化已经深入到上海的骨子里。事实上,上海16个区的领导也在不断走访,并在市级"抗疫惠企28条"的基础上,不断推出符合本区政策的细则,精准助力本区内的企业复工复产。

2月8日,在"抗疫惠企28条"出台的同一天,浦东新区也推出了支持服务企业平稳健康发展的18条措施,简称"浦东惠企18

条"。对此，浦东新区副区长王华表示，这18条分为三个部分，一是加大金融支持，二是降低企业运营成本，三是优化企业服务。

例如，浦东新区支持企业利用人工智能、大数据、云计算、工业互联网等技术，在医疗、物流配送、疫情管理、在线教育、工业生产、企业服务等领域开展创新应用项目。在疫情期间发挥重要作用的项目，按项目总经费的60%给予资助，最高300万元。浦东新区科经委主任唐石青强调，对疫情防控创新产品研制攻关，优先纳入浦东新区相关专项资金支持。

"浦东惠企18条"到底发挥了多大作用？3月25日，新任上海市委副书记、代理市长龚正就到浦东新区走访了四家企业——上汽通用凯迪拉克专属工厂、中芯国际集成电路制造有限公司、平头哥（上海）半导体技术有限公司和中国商飞上海飞机设计研究院。据悉，汽车、集成电路、航空等领域企业都是浦东乃至上海的重点产业，而这些企业复工复产情况，可能预示着这些领域2020年的发展走势。

根据浦东科经委3月20日的统计数据，浦东区属规上工业企业复工率99.5%。"专精特新"中小企业已全部复工。

碰撞科技是一家成立于2015年的小型科技企业，它研发的大数据可视化系统能为农村土地流转、警员考核等工作提供大数据支持，团队成员是清一色90后。疫情给这家公司带来不小的打击——客户没法验收项目，没法付清项目尾款，公司没法开张营业。

前不久，公司办公地所属的张江高科集团针对旗下全资子公司，包括张江集成电路产业区开发公司、张江管理中心发展公司等张江

三、复苏和坚守

科技城内的企业下发通知,要求他们作为租金减免政策的实施主体,为园区内的中小企业"免租"开辟绿色通道。

作为上海 GDP 排名第二的闵行区,也推出了"闵10条",涉及加大金融支持、减轻企业负担、加大财政扶持、优化企业服务四大方面。

在人才招聘方面,闵行区通过"闵行就促"公众号中"闵行职小二"品牌开展云招聘,将闵行区内在疫情期间有用工需求的221家用人单位提供的 14400 余个岗位等信息与扶贫对口地区云南省保山市、香格里拉市共享。

与此同时,闵行区政府出台扶持企业若干意见,闵行区人社局主要是从加大企业稳岗补贴力度、加大人才安居补贴力度以及加强企业用工指导和服务三个方面入手,对症下药,力求实效。闵行区人社局负责人举例说,在企业稳岗补贴方面,这次是在市返还企业50% 的失保金的基础上,剩余部分区财政再贴 50%。这项政策的覆盖面比较大,闵行区希望在企业面对当前生产经营困难的情况下,最大限度地稳住就业,稳住员工。再比如,人才安居补贴政策,对符合本区"4+4"产业导向的重点企业提供 1000 个专用租房补贴额度,补贴标准 3000 元/人,也是希望对企业留住关键人才。

追回疫情影响的生产时间

上海的一些产业因为使用了最新科技,并不需要特别的政策扶持就能一键复工,甚至立刻复产提速。

以宝钢股份为例，上海宝山基地的冷轧热镀锌智能车间，两条200米长的生产线已通过机器人作业和行车无人化，基本实现机器代人，每条产线只有2至3名工人流动检视。在100多平方米的偌大操作室里，分散的几名操作人员戴着口罩、相互隔开。他们只需要通过智能远程操控系统，就可以实现对宝钢股份上海宝山基地的有序操控。

在智能化改造前，冷轧产线的进料关口、锌锅捞渣、钢卷打捆贴标等各个工段上都需要至少两名工人值守，如今12个智能"机器人"包办了所有的"危脏难"工作。操作人员和工程师即使在同一个车间，也可以实现"不碰面生产"，既保证了疫情期间的病毒防控，也实现了高效的生产运转。

值得注意的是，疫情发生以来，宝钢的"智慧物流"也发挥奇效。在6万平方米的产成品物流智能仓库内，无人吊机用"钢爪"将一卷卷成品钢卷精准调运，与一辆辆驶来的无人驾驶重载框架车紧密协作，不断将成品钢材运往成品码头。在这个无人仓库里，智慧化的运作有效提升了物流效率，每天10万吨的钢卷在这里周转并发往全球。在智能物流管控中心，仅需要少数几名操作人员，戴着口罩、分开而坐，就可以完成对整个厂区物流的监测操控。

事实上，像宝钢这样的"黑灯工厂"在上海还有很多，如位于临港的上海上飞飞机装备制造有限公司的生产车间、位于浦东川沙的开能健康科技集团股份有限公司生产车间和位于闵行区的上海发电机厂，都在智能制造方面实现了对同行的"弯道超车"。

作为最早探索智能制造的地区，上海的智能制造已形成价值链

三、复苏和坚守

相对高端、产业链较为完整、创新链协同较强、"资源链"相对集聚的综合优势。智能制造应用方面,上海全市已初步建成14个国家级智能工厂、80个市级智能工厂。不难看出,智能制造的发展,极大缓解了疫情对制造业的影响,精准推动企业有序复工复产,也让上海有了追回疫情影响的时间的可能。

(金　姬)

转产救国：
人民需要什么，我们就造什么！

新冠肺炎疫情发生以来，口罩、防护服、酒精等医疗用品奇缺，国家发改委等三部委发文，鼓励企业多措并举扩大重点医疗防护物资生产供应。天眼查的数据显示，仅2020年1月1日至2月7日，全国已经有超过3000家企业经营范围新增了"口罩、防护服、消毒液、测温仪、医疗器械"等业务。

那些原来生产汽车、豆腐、锂电池、手机、内衣、西装、羊绒衫等产品的中国制造商们万万没想到，2020年春节后的复工竟然从加班加点生产口罩、防护服和消毒液开始……

一声令下，跨界做口罩

据工信部提供的数据，正常情况下，我国口罩产能大约是每天2000万只，其中医用外科口罩产能是220万只，医用N95口罩产能大约是60万只，但在新冠肺炎疫情发生后，我国的口罩严重短缺，

三、复苏和坚守

再加上春节期间的停产,企业复工压力大,就算口罩企业全力以赴复工复产,短期内多地可能仍然"一罩难求"。

因此,口罩是此次转产浪潮中最主要的产品。

截止到2月11日,全国口罩产能利用率已经达到94%;特别是一线防控急需的医用N95口罩,产能利用率已达到128%,有8个省份达到或超过100%;医用的非N95口罩的产能利用率达到了106%,有10个省份达到或超过了100%。

国家发改委社会发展司司长欧晓理表示,正在推动企业抓紧释放现有产能,尽快实现满负荷生产,鼓励他们采取两班倒、三班倒的方式,24小时运转起来,做到人休息机器不休息,尽量多生产。"对有扩大生产需求的企业,我们将安排中央预算内投资予以支持,并争取新增产能,能够早日达产。此外,我们还将支持有条件的企业加快办理有关资质,推动技术改造,尽快实现转产。"欧晓理表示。

在抗疫的特殊时期,转产口罩的企业还真不少。

以上海为例,2月7日,上海市第十五届人大常委会第十七次会议表决通过《关于全力做好当前新型冠状病毒感染肺炎疫情防控工作的决定》(以下简称《决定》)。这一紧急立法,授权政府采取必需的临时性应急管理措施,对政府、单位及个人的权责皆有明确规定,具有优先适用的法律效力。

于是,2月13日,上汽通用五菱生产的第一批口罩批量出货。从想法提出到第一批口罩下线,仅用时3天。其口罩生产包装盒上那句"人民需要什么,五菱就造什么"的标语一时间刷爆朋友圈。

事实上，汽车工厂之所以能迅速生产口罩，与其车用材料有关，其高分子吸音隔音材料，也就是汽车上的吸音棉发挥了很大作用。吸音棉主要由聚丙烯纤维无纺布组成，属于聚丙烯熔喷无纺布，而N95口罩和医用防护口罩的材质也属于聚丙纤维无纺布。再加上汽车生产厂拥有宽敞的场地、熟练的工人，所以只要做足前期的车间改造等准备工作、调整好动员和激励机制，汽车厂迅速转产口罩也并非难事。

让更多人意想不到的是，除了生产汽车的有能力转产口罩，卖豆腐的也可以——2月14日，生产豆腐起家的清美集团，在浦东辟出两条生产线，生产一次性民用、医用口罩。据悉，清美的口罩产量可以达到每天20万只，除了自用（在职员工3000人，营销人员4000人），其他都供政府调配。

3月16日，上海举行新闻发布会，上海市药品监管局局长闻大翔介绍，疫情发生后，市药品监管局按照"统一指挥、早期介入、随到随审、科学审批"的原则，主动靠前服务、快速应急审批、强化证后监管，全力做好疫情防控重点企业转产审批工作。

防护衣、消毒液，转产门槛相对较高

据中国国家发改委秘书长丛亮介绍，2月10日全国22个重点省份的最新数据显示，防护服企业的复工率为77%。

相比各种跨界口罩的企业，转产防护衣的企业主要以纺织企业为主。

三、复苏和坚守

以上海为例,位于奉贤的水星家纺在1月31日接到上海市经信委通知后,紧急改造10条防护服生产线,投入生产。2月2日,防护服打样成功并通过专业机构检测,3日正式投产,目前日均产能为1000套,预计最高日产量能达到2000套。水星家纺董事长李来斌表示,生产所需原材料由政府拨调,生产完成的防护服也由政府进行调配。

上海纺织企业嘉麟杰,在2月4日完成金山经信委一笔5万件防护服的订单,2月6日收到上海经信委应急征用通知后,继续生产防护服。

成立于2005年的上海诚格安全防护用品有限公司,主营电弧服、阻燃服等特种防护服,1月27日,市政府相关会议上,宣布该公司被征用,改造医用防护服生产线。从宣布被征用到2月1日正式开工,该公司只用了5天时间,其间经历了一系列调整——包括产线改造、设备调整、招募员工——体现了"战时转产"的上海速度。

男装品牌报喜鸟在2月7日表示,公司控股的上海宝鸟服饰在上海松江区工厂成立防护衣生产线,如今日产一次性防护衣3000余套。另外,三枪改造内衣生产线转产普通民用防护服,首批2000件民用防护服已于2月5日正式交付上海市经信委用于疫情防控物资保障调拨。

抗击疫情中积累的实践经验,也让这家80多年历史的国民品牌进一步探索主业转型得到启发。自生产制造全部转移至江苏大丰后,占地200多亩的三枪工业城究竟往哪里转,三枪集团一直在思考。这场危机中,三枪寻找到了支撑企业未来可持续发展的新机遇,医用纺织品或将成为三枪未来发展中的一极。按照初步计划，三枪集团将利用园区原有纺织工业基础探索发展相关新兴产业，重点以先进复合材料、医疗纺织材料、高端安全防护材料、智能纺织材料为主攻方向研发攻关。

随着火速转产成功的企业愈来愈多，带动了很多与抗疫物资相关联上下游企业的复产复工，相关医疗物资紧缺的状况也有望得到进一步缓解。

这就是一个全球制造大国，在2020年春天上演的"转产救国"的抗疫故事。

战疫中的上海女企业家

2020年1月28日，上海市妇联、上海市妇女儿童服务指导中心（巾帼园）、上海市女性社会组织发展中心和上海市儿童基金会联合发布《致全市女性社会组织倡议书》，号召全市女性社会组织要提高认识，加强落实防控决策部署；全面动员，积极投入疫情防控工作；发挥优势，回应社会关切，提供专业服务。

全市各界优秀女性中，上海的女企业家们以她们各自的方式，助力打赢这场疫情防控阻击战。

清美傅尧娟：保证菜篮，兼顾口罩。 上海清美绿色食品集团是上海市菜篮子工程和早餐工程的重要合作伙伴，在主副食品供应和民生保障中发挥积极作用。新冠肺炎疫情发生以后，留沪人员激增，民生消费井喷，为保障上海市场供应，作为全国巾帼建功标兵、上

三、复苏和坚守

海浦东新区妇女代表、浦东新区女企业家沙龙副会长、清美集团总经理兼集团妇联主席的傅尧娟迅速响应,紧急部署,将疫情期间保供稳价作为集团首要工作来抓,坚决打好"疫情防控"和"市场保供"攻坚战。她举全集团之力,发挥全产业链优势,确保上海菜篮子量足价稳,为上海保供稳价和稳就业作出了重要贡献。

由于能掌控源头,拥有自建的从种植、养殖、加工、运输、终端销售的全产业链,清美门店销售产品 90% 以上为自制,食品安全和供应能力更有保障。上海本地急需的绿叶菜全部来自清美南汇三大农业基地,总面积近 2000 亩,全部种植本地叶菜品种,基地采用先进设施种植,产能不受天气和疫情影响。为了确保疫情下的市场蔬菜供应和菜价稳定,基地紧急雇佣当地有健康码的居民进行蔬菜抢种、抢收。高峰时期,清美农业基地、联合体每日蔬菜供应量为 100 吨左右,有效缓解了节日市场的蔬菜供应压力。

在履行社会责任的同时,傅尧娟还在不到 10 天的时间里,租借其他工厂的闲置设备,紧急生产口罩,助力上海企业复工复产。同时,为缓解疫情期间买菜难,傅尧娟还抢先上线清美线上买菜模式,让市民足不出户在家买菜。

这场疫情,反而倒逼清美做出不少创新举措,有利于企业的长远发展。

韵达陈立英:开通公益物流绿色通道。总部设在上海的韵达成立于 2000 年,是一家集速递、物流、电子商务为一体的大型民营快递企业。

新冠疫情暴发后,韵达全球网络紧急行动,捐款捐物,开通公益物流运输绿色通道，积极履行社会责任。作为分管公益慈善的副董事长兼高级副总裁，陈立英立即组织召开全网专题会议，部署公益捐赠及疫情物资公益运输工作，第一时间对外发布公告，开辟绿色运输通道，发动韵达全球网络运，为湖北捐赠、运输物资，为打赢疫情防控阻击战贡献力量。截至目前，韵达荷兰、阿联酋、韩国、泰国、法国、马来西亚等网点已将海外筹集的数十批次，上百万件、总价值超过千万元的医疗物资免费运输至湖北，用于抗击疫情。

作为中国妇女十二大代表，陈立英领导的韵达团队在防疫抗疫中和上海市妇联、上海市儿童基金会联手奉献爱心。自1月31日起，韵达公司公益速递运送了11批次、1910箱、115818片考拉裤至上海134家医院和7支上海援鄂医疗队手上。

红日养老陈琦：保护好老人和员工。这场战"疫"中没有人是"局外人"，有着十五年养老服务实战经验的红日集团时时关注新闻动态，凭借精准施策，果断出击，及时跟进，确保老人和员工的安全。

为切实加强疫情防控，红日于1月23日正式宣布成立疫情防控工作安全小组，紧急制定新型冠状病毒感染的肺炎疫情防控应急预案，并于1月24日正式下达"封院"指令，次日建立机构"日报"制度，要求各机构每日疫情监控上报，对所有工作人员及家庭情况进行摸底，要求湖北籍探亲员工暂缓回沪、普通离沪人员回沪隔离、所有员工暂缓外出探亲等，增强全体人员疫情防控意识。

董事长陈琦亲自协同总部医务部门紧急制定"疫情防控清洁专门消毒制度"，内容涵盖消毒对象、消毒范围、药物配比，消毒对象包括老人居室、活动室、地面家具、卫浴设备、衣物类、排泄物及容器、诊治仪器、食堂、电梯以及终末消毒等。

集团各级管理人员三个月中没有一天休息，不断坚持下基层了解情况、解决实际困难；创新利用视频方式"云"检查，确保集团每条防疫指令落实到位。

针对护理服务，红日在防控之初，就提出"封院更透明"的理念，尤其针对认知症长者的室内体能训练和益智活动必须坚持开展，对于卧床老人的悉心呵护需要比平日更为仔细；并联手中医院，为老人提供中药汤剂，每日由院内专人负责熬制。为了减缓老人因疫情无法与家属相见而产生的焦虑情绪，集团主动与家属视频联系，利用现代化工具加强老人、家属沟通，让家属、老人缓解互相的思念之情。

红日扎实、稳妥的疫情防控工作，确保了上海、南京、苏州、余姚、嵊州5城16家养老机构，近千名员工、四千位长者生命健康安全。

金拱门赵崔华：开设爱心防疫餐厅。徐汇区政协委员赵崔华，是金拱门（中国）有限公司副总裁。餐饮业在疫情期间所受冲击可谓巨大，而作为餐饮企业的负责人，她一方面考虑着企业的经营和发展，另一方面还考虑着如何为抗疫一线医护人员做点什么。

疫情期间，全国麦当劳仍有近2900家餐厅坚持运营，1500家餐厅的外卖克服各种困难，继续为社区、医生和坚守在各岗位上工作人员接力送餐。让人感动的是，因湖北疫情，全省麦当劳关店，为了让一线医护人员吃上热乎乎的餐食，麦当劳特别开了一家爱心防疫餐厅，300多个员工志愿者第一时间报名，不辞辛苦，为两所医院的医务工作者定时免费送500份餐食。全国11个城市麦当劳伙伴每天为医院和疾控中心送出超过2500份爱心餐。

造就汤维维：推出女性心理线上课程。"造就"是创立于2015年年底的中国首家剧院场景体验的演讲平台。公司创始人兼CEO汤维维是上海市女企业家协会理事和杨浦区政协妇联界别委员。

在复工复产阶段，结合三八国际妇女节的大背景，上海市妇联与造就合作了《照进女性心理的15面镜子》系列线上课程，通过造就制作并播出，缓解了公司疫情下的生存压力，并产生了极好的社会影响。这一系列课程通过邀请资深心理专家，以视频、直播、微信社群互动的形式，旨在安抚疫情后的社会情绪创伤，帮助公众在疫情中后期逐渐恢复到健康水平，增加社会整体的自信度、融洽度，帮助职业女性及家庭更加高效投入工作，恢复到正常生产工作节奏的心理支援和关怀的项目。该项目作为造就复工复产后的首个大型项目，为企业的正常运转注入了活力，给全面的复工复产奠定了坚实基础。

（金　姬）

三、复苏和坚守

后疫情时代，
如何让家政人员安心上门？

随着疫情逐步得到控制，作为民生行业，家政企业也迎来了复工潮。但家政业和普通行业不同，复工有一定的难度——一方面，上海家庭担心找不到放心的家政员；另一方面，疫情造成返沪家政人员数量不足，家政员们也担心雇主的家庭健康状况。

现在，在上海市妇联的推进下，上海家政市场正在发生欣喜的变化。

浦东：搭建家政"微平台"

3月中旬，上海正式复工复产已经一个月，但浦东家政人员的复工率不到四成。

上海市民史阿姨一家的遭遇很有代表性。她表示："我的父母都已是87岁高龄，父亲还有轻度失智，需要有人24小时照顾。我年纪也不小了，一个人有点忙不过来。"史阿姨如今也是六旬老人，这场突如其来的新冠肺炎疫情，让原来家政员的春节返沪计划"搁浅"。受疫情影响，不少家政员无法如期返沪，导致雇主家"小老人照顾老老人"。而留沪的家政员中，由于疫情雇主不敢雇用。

在"防疫情"和"保刚需"的双重任务下，如何让家政服务行业有序复工复产？

浦东新区妇联协同新区商务委一起落实"家政服务行业防疫包干"工作任务，指导新区家政服务行业协会开发"浦东新区家政员上门服务证"小程序。

如果要申请"上门证"，家政员必须满足"两证两承诺一协议"，即家政员和雇主双方均需完整填写相关信息，返沪人员需提交已经隔离14天的证明、家政公司提供的务工证明以及和雇主签订的用工合同。同时，家政员和雇主双方要签署健康承诺书。此举可以同时打消雇主和家政员双方的顾虑。提交完证明材料后平台会自动比对，再经工作人员审核。确定通过后，无接触发放上门服务证。此外，平台还同步实现英文版满足外籍家庭需求。

据悉，目前在浦东注册的具有家政服务资质的企业有3652家。此外还有大量经营地、注册地、服务地不一致的企业。浦东新区妇联积极发挥1万7千余名街镇、居村二级妇联执委和妇女代表的作用，电话联系、上门排查，在楼道居村张贴告知书，加强办理"上门证"的宣传工作。

浦东新区家政服务行业协会会长张琴英表示："现在，不仅是家政员，就连居委干部、小区物业等社区管理者都知道，找阿姨之前要先去办理'上门证'。"

家政"微平台"的搭建不仅为复工复产提供便利，还有更长远的意义。雇主可以在平台上查看到家政员上门证的具体信息，家政公司和家政员也可以放心进入雇主家庭，解决了长期困扰雇佣双方的信息不对称的难题。在有效阻击疫情的基础上，推进了行业有序复工。

浦东新区妇联副主席陆天一表示："家政上门证的办理，一方面为复工复产提供了比较便利的服务，另一方面是为即将出台的上海市家政服务相关条例提供'浦东模式'，为家政行业提质扩容打下扎实的基础。"

随着疫情结束，办理上门证的条件要素也将变化，"浦东新区家政员上门服务证"小程序将继续为家政行业的有序、规范管理发挥作用。

嘉定：为服务残障人士保驾护航

不仅老人和孩子需要家政人员，残障人士也是他们服务的对象之一。

位于嘉定镇塔城路上的上海嘉定区和谐家庭服务中心（包含子公司上海华众护理站），共有员工1228人。其中，有143人服务于嘉定镇街道的416名老人及残障人士。这一机构能否全面复工，关系到嘉定镇街道老人和残障人士的生活。

嘉定镇街镇金沙小区的敏叔，今年57岁，智力三级残疾，生活自理能力较弱。他父母均已80多岁，且其父亲患有高血压及糖尿病，日常行动不便。得知可以恢复家政服务后，敏叔父母终于松了一口气。

复工第一天，和谐家庭服务中心的家政员张志华在小区门口出示绿色"随申码"并测量体温后，来到了敏叔家。她在门口套上鞋套，进入家中洗手并戴上手套后，开始为敏叔家通风消毒。敏叔母亲表示，他们夫妻俩年纪大了，疫情期间，外出购物也诸多不便，张志华上门后，不仅个人卫生及消毒工作做得很到位，还能帮她们外出买菜、购物，很大程度上缓解了她们的生活困难。

张志华说，原先在收到机构下发的有关家政服务的工作指引后，就开始学习了，上门服务也严格做到四个100%，即100%戴口罩、100%测量体温、100%健康登记及100%消毒。进门后，她除了做好消毒通风外，也会询问服务对象的身体状况，若遇到异常情况，会马上停止服务，并跟中心反馈。

像和谐家庭服务中心这样的机构，在上海还有很多，它们为疫情防控和社会发展贡献着自己的一份力量。

疫情倒逼行业规范

此次新冠疫情，倒逼上海家政业更加规范。

2020年5月1日，《上海市家政服务条例》正式施行，家政综合服务管理平台于4月27日正式上线试运行，主要具有信用监管、公共服务和行业管理等功能，并与"一网通办""市公共信用信息服务平台"等系统实现数据互联互通。。

三、复苏和坚守

据悉,目前上海家政综合服务管理平台已形成基础数据库,已归集 27 万余名家政服务人员和 409 家家政服务机构的基本信息。

上海家庭服务业协会张丽丽会长说:"下阶段,我们将以家政综合服务管理平台上线运行为抓手,努力推进家政服务机构和家政服务人员的全行业备案,切实提升行业的规范化水平;同时,进一步推动市级成员单位,在职业能力培训、体检支持、商业保险投保补贴、公租房租赁等方面出台促进家政行业发展政策,细化配套措施,推动行业发展。"

(金 姬)

浦东机场守关人

上海浦东国际机场，这里是全国最繁忙的空港口岸。疫情发生前，每天从此进出境的旅客超 10 万人次；疫情暴发后，人数也一直维持在 1 万人左右。

随着 3 月 26 日中国民航局调减了国际客运航班，浦东国际机场到达的境外航班数（客机）骤降至十几班，入境人数只占到原来的 20% 左右。

但在口岸一线，海关、疾控、边检等相关部门在防疫情输入的环节实际上一个都没有少，相反流程经过调整后，每个环节的工作内容更加细密了。

上海始终坚持"外防输入、内防反弹"的防疫措施，既把防范境外疫情输入作为重中之重，又强化各项防控措施、加强社区管控。

首创"130 模式"

"你好，欢迎回国。你是从哪里飞回来的？"海关关员一边拿

三、复苏和坚守

着旅客的健康申明卡,一边开始询问。

3月27日,在上海浦东国际机场重点地区旅客通道的M层,浦东机场海关设置了健康申明卡审核区和流调岗位。两排长桌一字排开,约有50个海关关员在此收验健康申明卡,核对姓名、护照号等基本信息,以及通过仔细询问开展初步流行病学调查。

作为疫情防控闭环管理的"第一环",上海浦东国际机场的防疫压力可想而知。

3月27日上午9点17分,从莫斯科飞抵上海的SU208航班缓缓落地。浦东机场海关值机处的两名海关关员第一时间登上飞机,对机上388名旅客和15名机组人员开展了登临检疫。约2个小时后,机上人员开始分批下机。

在莫斯科读研二的小翊刚刚完成了M层的健康申明卡的审核,正在排队等候提交健康申明卡。他说,自己是从莫斯科直飞回国的,飞机上还有很多其他地方转机的乘客。经过测温和健康申明卡初审后,小翊是较早下飞机的旅客之一。

大约中午12时30分,小翊正在海关临时搭建的二次流调和医学排查等候区等待进一步排查。小翊表示,由于自己有一些干咳症状,在递交完健康申明卡和接受流行病学调查后就被带到了这里等待进一步排查。

在这里,大约有三四十名旅客都在等待海关的流调医生给他们做更详细的流调和医学排查,大部分都是留学生模样。等候区外,还有一部分旅客正在等待海关安排的车辆送去集中采样点,进行核酸检测。

浦东机场海关旅检处二科流调医生王静介绍，这段时间每天从上海浦东入境的旅客达一万多名，她每天要做详细流调的就有几百个，"我们是24小时轮班，每班只有4个流调医生。老实说压力还是很大的，一套防护服穿在身上四五个小时不脱是很正常的"。

从防国内疫情时，王静就一直在浦东机场一线开展流调工作。旅客申报各种症状的都有，基本上以呼吸道症状为主，很多时候旅客体温是正常的，但伴有较明显的症状也会被要求接受排查，"我们会复测体温，详细询问他们出现症状的时间、旅行史、服药史，以及接触史等。符合标准的，海关就会采取120转诊，对一些有风险但不构成转诊的，我们也会安排到海关的集中采样点进行核酸检测，根据结果决定是集中隔离观察还是送往指定医疗机构"。

据介绍，做一次流调一般10到15分钟，但遇到复杂的情况有时需要半个小时以上。海关流调医生要做的就是排除其他原因引起的这些症状，最终给出一个最恰当的处置。

3月27日前，海关对所有重点国家的航班及入境人员，实施更为严格的100%登临检疫、100%体温监测和100%健康申明卡审核。同时，对非重点国家的航班全力实施100%登临检疫，对入境人员实施100%体温监测、100%流行病学调查和100%健康申明卡审核。

对有明确症状的旅客，海关会立即启动"120模式"，直接由120车辆转运至指定医疗机构诊疗；对症状不明显但有旅居史、风险较大的旅客则启动"130模式"，直接转运至指定隔离点，集中

三、复苏和坚守

采样,根据检测结果,再做后续处置;对于无明显症状、无旅居史、无接触史的旅客,海关予以放行后,会由后续的相关部门进行严格的管理。

反复询问揪出"无症状感染者"

事实上,随着疫情防控形势的变化,相关政策每天都会有新的调整。

浦东国际机场海关旅检一科的王姝婷是海关的流调医生。从春节起,她和同事们一起在国门一线抗疫已两个多月。

王姝婷深知,越是高风险的人群越需要前道控制,"上海海关一直强调'战线前移'。现在虽然要求所有入境人员都要集中隔离,但我们仍需要判定旅客当场是否需要120转诊。我们这里的流调做得越详细,之后交给卫健委、疾控的材料才能越准确,也是为他们开展更全面的流调提供参考依据"。

"一定要将有风险的人群控制到我们可触及的范围,不让他们混入人群从而失联。"王姝婷说,往年除开春流感高发期和暑假期间外,平均一个月也就100多名旅客需要带到她这里开展流调,但今年最高峰的时候,一天需要她排查的旅客就高达300多人。

此前媒体报道了宁夏回族自治区丁某某涉嫌妨害国境卫生检疫一案。3月初,上海海关通过布控了解到,与丁某某曾有过密切接触的人员将乘坐从曼谷起飞的航班在上海浦东入境。上海海关第一时间采取行动，有风险的一行 7 人均接受了详细的流调排查。

"我们接报有一人可能是丁某某的密接者。但当天，我们在同一航班上还发现了其他 6 个也是从伊朗一起在曼谷转机过来的。这些人里除了一个申报有症状外，其余 5 人均没有申报任何症状。"王姝婷说，考虑到当时伊朗疫情较为严重，必须对他们进行仔细的排查。

一开始，这些人都没有提及"丁某某"一事，他们也都称自己没有接触史。王姝婷从他们的年纪判断是在伊留学生，便询问了学校的事情。对方承认在伊朗读书，但坚称自己不是密切接触者，也没有任何不舒服，希望海关不要把他们扣在这里。

面对这种局面，王姝婷和同事"故意"让他们多等了一会儿，再派不同的人轮流反复询问，"如果有说谎的部分，比如虚报了住址等一些信息，经过这样轮番询问，总会有人漏出破绽"。

最终，他们承认自己和丁某某同校，但在不同校区。"这 5 个人当时确实也没有任何症状，但为了安全起见，我们仍然对他们进行了采样。"王姝婷表示，后来经相关部门通报，这 5 人中有两人最后被确诊。

王姝婷坦言，如果旅客没有症状，那海关流调判断的依据其实是很少的，最关键的就是旅行史和接触史。"你从哪儿来""你到哪儿去""你是干什么的"，王姝婷说，这是海关人的"灵魂三问"。但真实的流调并没有那么简单。

3 月中下旬，王姝婷接手过一对来自西班牙的夫妻。当时，他们主动申报了自己的症状，包括咳嗽和鼻塞。但当天由于申报症状

三、复苏和坚守

的旅客很多,眼看着排队等候的时间可能很长,这对夫妻就说,"我们不申报了,没有不舒服,可以走了吧"。

按当时的规定,入境人员不需要100%检测,夫妻俩听说只要申报了症状就可以做检测,想着为了放心,这才申报了一些症状。

"申报是一件很严肃的事情,不是你想改就能改的。"当时,王姝婷心想,"你说没有症状我也是不信的,既然到了我这里,不经过排查你就走不了"。

其实,那段时间,王姝婷和同事通过工作中的经验总结出,某地区旅客在西班牙或意大利从事餐饮业的比例很高,而这些人群中事后确诊的病例也要高一些。通过询问,王姝婷得知这对夫妻正是来自这一地区,在西班牙开餐厅,老公是厨师,老婆是服务员。

"这个行业接触的人群多而且杂。"王姝婷表示,通过进一步询问得知,他们之前也有过发热症状,"但是两周之前,处于这个14天的临界点。综合判断之后,他们仍被采取'130转运',后来也被通报为阳性病例"。

眼泪只能为胜利而流

从1月20日起,王姝婷就开始记日记,记录下她对这场疫情的一些"小情绪"。

1月22日,她写道:"腊月二十八,出境游高峰,年前最后一个白班。下午3点,科长给了准信儿,非常时期,确实不能回家。

巧的是，一直抢不到的一张卧铺，就在确认消息之后抢到了，为了这张马上就要退掉的票，我竟还给抢票软件加了钱……不知道怎么跟妈妈解释，妈妈之前就说，'妞妞要嫁人啦，最后一次在家过年妈妈一定给你做点好吃的！'。"

1990年出生的王姝婷是山东人，性格直爽的她在接受采访时直言："我那张抢到的火车票保不准就是我哪个同事退掉的。"

3月14日的日记里，王姝婷写道："有个小伙子发热了，等待去医院，救护车迟迟不来，可能也是饿得很了，忍不住冲工作中的我发脾气。难听的指责，我不想反驳，但劳累的身体，却随着指责吵闹颤抖起来，等待是事实，隔离区没有进食条件也是事实，12小时滴水未进的我感到委屈也是事实。旁边一起等候的旅客劝他冷静，更在安慰我，让我不要怕，不要生气，就当是为了他们不要着急。"

王姝婷说："其实并不是被骂生气，而是气这小伙子不爱惜自己的身体。我们所在的区域是污染区，你把口罩摘下来吃东西也是对自己不负责。"但让她感动的是，身旁其他旅客"刷"地一下全都站起来帮她说话。

委屈的泪水憋了回去，王姝婷说，眼泪应该为感动而流，为胜利而流，"但现在我都不哭了，不然护目镜就花了。认真排查是我唯一能为他们做的事"。

事实上，王姝婷只是众多海关一线关员中的一个缩影。他们每个人都在各自的岗位上为守护国门安全默默付出。

三、复苏和坚守

另一条战线——水路国门

事实上,机场之外,还有另外一条抗疫战线——在我国广泛的沿江沿海线上,每天都有大大小小的船舶从世界各地而来,上海水路、港口疫情输入的压力也在持续加大。

3月1日后,从水路靠泊上海港口的境外船舶累计超过500艘。上海市公安局港航公安局作为上海水路防范境外疫情输入第一道防线,在上海市公安局的领导下,坚决落实"外防输入、内防反弹"总体防控策略,依托市海防办架构体系,多管齐下、联防联控,会同边防、海警、海事、海关、边检、地方防疫以及码头单位共同建立了联防联控机制,及时共享防疫信息,深度融入全市疫情防控体系。截至目前,全市未发生经水路、港口输入的疑似或确诊病例。

4月8日上午10时,在宝山区罗泾货运港区,一艘名为"润富3号(RUN FU 3)"的巴拿马籍货轮正在轮换船员,民警及海关关员均在现场开展下船人员的个人信息核对工作。

据了解,此艘货轮3月初从泰国起锚,4月5日抵达上海罗泾港。4月7日边检、海关已上船为准备下船轮换的船员做好核酸检测,结果均呈阴性,公安民警也从船代处录入船员信息。

当天,8名船员下船后,身穿隔离服的民警再次对下船的船员(海员证等)信息进行逐一核实,确保登记信息无误后,将其护送至宝山集中隔离点进行为期14天的隔离。

港航公安局罗泾港区派出所叶建明所长表示:"港航公安在水路防疫体系中,主要承担串联作用,联动各部门,保障防疫方面各流程安全无误，确保掌握船只、人员从哪里来到哪里去，强化做好水路防疫闭环管理。"

在做好疫情防控的基础上，港航公安局也积极助力辖区企业复工复产。一方面要求登临船舶作业须做好防护工作，避免发生船岸交叉感染。另一方面，帮助企业在防护好的前提下做好船检、物料运输、装卸等各方面的保障，确保国际货运畅通。

（应　琛）

三、复苏和坚守

一线大管家，
"全能"女战士撑起抗疫保护伞

她，制作了登临检疫操作流程框图，与战友们一起登临重点航班进行检疫工作，对小到一只口罩、一副面屏的防疫物资都管理到位，还设置了污染区、半污染区和清洁区，定制了一套清洗消毒流程……这个特别忙的"大管家"，就是前不久刚刚被授予海关总署新冠肺炎疫情防控工作个人二等功的浦东机场海关值机处业务监控科科长宋丹。

目前，防境外输入已成为当前我国疫情防控的重中之重，海关担负着国境卫生检疫的重要职责。上海海关的关员们，坚守国门，战斗在防疫防控第一线，建立了口岸分流通关大流程，实现全程闭环管理，收到市民们大写的赞。

上海浦东机场海关关员，则是战斗在最前线的人，他们变身"大白"，冲锋陷阵，毫无惧色。宋丹也是其中之一，她被战友们称为"全能战士"，为战友们撑起了抗疫"保护伞"。

紧急返岗　制登临检疫流程图

疫情暴发得突然。

在浦东机场海关工作了12年，宋丹曾参与抗击甲流、埃博拉、中东呼吸综合征等重大疫情防控，今年新冠肺炎疫情来袭，她又一次第一时间冲在了防疫一线。"越有风险，越需要我们海关守住第一道防线。"宋丹说，海关检疫防线越往前压，就会把危险越早排除。其中，登临检疫可以说是第一道防线中风险最大的"第一关"。

1月24日晚上9时许，宋丹接到紧急电话，希望她能马上回到一线。此时，她正在丈夫的老家福建照顾患病的公公。熟稔值机业务的她有些坐立不安，最终跟家人道出了实情："我的岗位在疫情防控第一线，那里需要我，我必须马上回到岗位。""你放心去吧，我会照顾好自己！"身为老党员的公公给了她莫大的安慰。

疫情不等人，第二天一早，宋丹就动身返回上海。

1月26日，大年初二，浦东机场这座全国出入境旅客数量最多的空港依然繁忙不停。宋丹这天起得比往常都要早，简单吃过早餐后便马上来到工作岗位。

由于疫情口岸防控工作的特殊性，按照以往的要求来开展工作可能会影响疫情防控整体形势，做事向来干脆利落、雷厉风行的宋丹马上根据总署《新型冠状病毒感染的肺炎口岸防控技术方案》的要求，第一时间对方案进行细化，制作值机处登临检疫操作流程框图，并在微信群内组织集体学习，让每位登临检疫的同事了然于心。

三、复苏和坚守

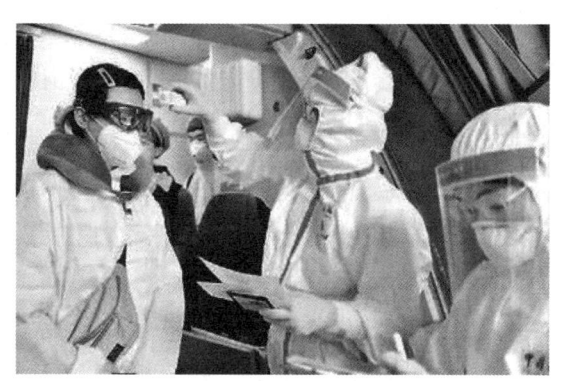

最佳替补　排除旅客染疫嫌疑

1月26日上午10时左右,连续忙了几个小时还没顾上喝口水的宋丹,忽然得到消息,某航班上有人发热并有武汉旅行史。

此时浦东机场正处于航班起降高峰时段,当班科室登临检疫任务集中,人手告急!

"我和你们一起吧!"宋丹主动做了这个团队的最佳替补。她当机立断,迅速做好个人防护,率队前往指定桥位,待飞机停靠后,她第一个进入机舱。

"各位旅客,我们是中国海关。依照中国相关法律,我们将登机进行检疫,请大家坐回原位,如实填写防疫健康申明卡。"这是一趟来自某重点国家的航班,宋丹与紧随其后的同事一起完成了体温测量、流行病学调查、医学排查。

一名一名地排查旅客，宋丹认真观察着，忽然，她发现一名女性旅客额头微微出汗，测量了体温，并不高，但她还是用心地多问了几句，询问之下，该旅客自述服用过感冒药，并且在健康申明卡上有申报，宋丹立即联系后道部门组织转运，进行排查和采样。

为了确保登临人员零感染，宋丹在值机处的办公区域设置了污染区、半污染区和清洁区，量身定制了一套清洗消毒流程。针对新冠肺炎疫情的特点，她和同事们又创新推出了"机坪直转"模式。在她看来，新冠病毒传播性强，倘若大批重点人员进入相对密闭的候机楼，势必引发较大的传播风险。对重点地区的归国团组和人员，机坪直接转集中隔离医学观察点，则可避免大量重点旅客进入候机楼封闭环境，大大减少传播风险。

记者在现场看到，在每个区域的墙壁上，都自上而下地说明了清洗消毒流程，"先脱鞋套……手清洁……"，一目了然，安全性高。

坚守关口　调配宝贵人力资源

疫情形势越来越严峻，支援值机的人员就要到岗，宝贵的人力资源如何调配，有限的防护物资如何管理，医废如何处置这一系列问题摆在了宋丹的面前。

她根据海关总署的总体方案和当前的疫情实际情况建立了防控物资管理办法，完善了应急医废处置流程，精确到每一组需要的每一件防护衣、每一只口罩、每一副面屏，细致到每个时间节点、每一片场地的确认。"她总是能想到我们想不到的办法。"宋丹的战友

三、复苏和坚守

们都对这个"大管家"竖起大拇指。

疫情期间,宋丹的脑子随着疾行的步伐总在高速运转。在早期阶段,便向航空公司提出建议,将重点团组安排在客舱最后排,前方空出三排座位;针对重点地区旅客安排好固定服务人员,协助重点地区旅客在航行途中完成健康申明卡填写;通过实地踩点勘测,协调机场相关部门及医废处理单位,在近机坪区增加固定医废回收点……

这些看似微小、却出自实践的点子,既减少了疫情传播的风险,又最大程度地提高了重点航班的入境检疫速度,对此,机场、航司和旅客纷纷称赞和感谢,这些措施也与后期总署防控技术方案的要求不谋而合,验证了其科学性和有效性。

"全能战士""大管家""最靠谱的"……12年来,同事们对她的称呼似乎越来越多。新冠肺炎疫情暴发后的60多个日日夜夜,宋丹始终坚守在上海口岸严防疫情输入的第一道关口。

"身后是祖国",每次上岗前宋丹都要在自己的防护服背后写上这句话。然后,穿上白衣,拿起设备,她和往常一样,一次次地走向浦东机场空旷的机坪,一次次地值守在上海空港浓重的夜色中……

(《新民晚报》郭剑烽、通讯员 陶中行、邱伟科)

张澍：名副其实的"及时雨"

"现场情况到底怎么样？如果旅客真的不肯采样怎么办？不采样是绝对不能放她走的，是否可以直接启动120转诊？"3月下旬的一天19时，正在浦东国际机场T2航站楼处理现场工作的张澍接到了集中采样点同事的电话，一名回国留学生因为太紧张不敢做核酸检测。她一边让同事换上中风险防护服和女孩面对面了解情况，一边拿上所有表格赶往采样点。由于是第一次遇到这种情况，各种预案在她的脑海中飞速过了一遍。

好在经过进半小时的耐心安慰和温柔劝告，小女孩在海关关员的陪伴下最终完成了咽拭子采样。

张澍是上海浦东国际机场海关旅检处的副处长，分管卫生检疫工作。从春节前到现在，两个多月来，她几乎每天都会在浦东国际机场两个航站楼的各个岗位走动，为当班的海关关员解答疑问、处理突发状况，以及在需要人手时随时顶上。

澍，意为"及时雨"。面对这场突如其来的新冠肺炎，拥有15

三、复苏和坚守

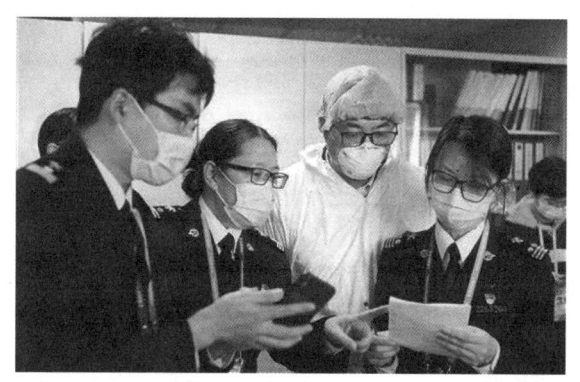

年口岸卫生检疫工作经验的张澍不仅是处里的"大管家",更是同事眼中可靠且名副其实的"及时雨"。

她说,身上的海关制服就是一种责任,一种使命,"面对疫情害怕吗?就算怕也得上!守护国门就是我的职责"。

幸得有你,山河无恙。这句话同样送给奋战在国门一线的每一个海关关员。

出问题,我来扛

浦东国际机场T1航站楼的机坪上,三辆大巴一字排开,九个工位正有序地对入境旅客进行鼻咽拭子的采样。每满90份样本,海关关员就会立即将它们送往海关保健中心进行检测。而完成采样的旅客则会在二次测温和收取健康申明卡之后,由地方部门送往指定的集中隔离点隔离。

事实上，按照国务院应对疫情联防联控机制相关部署，海关总署和上海对境外疫情的及时研判，自新冠肺炎疫情暴发以来，口岸的防控措施始终是动态调整的。

上海的政策是，从 3 月 23 日起，对除集中隔离人员外的所有非重点国家和地区的入境来沪人员，进行 100% 新冠病毒核酸检测；从 3 月 28 日起，对所有入境来沪人员一律实施为期 14 天的集中隔离健康观察；从 3 月 31 日起，对所有入境来沪人员进行 100% 新冠病毒核酸检测。同时，对 3 月 31 日零时前入境来沪且未接受过新冠病毒核酸采样检测、尚处在集中隔离健康观察期间的人员，自 4 月 7 日起可实施核酸检测。

"根据流程调整，我们在现场及时增配了足量的打印机，给旅客打试管标签用。旅客在这里拿到采样管之后，就会通过专用的通道下到机坪进行采样。过程中，不会与前道的旅客发生接触，最大限度降低了航站楼内的交叉感染。"张澍表示。

每次新政一出，张澍都是第一个学习的人。在研究透海关总署和上海的政策要求后，她会拟定现场的防控措施，并根据实际情况不断调整内容，规范现场工作的执行标准、处置流程，"大的方案我大概写了 7 个，小的也有 20 多个了吧。但有时政策都是在 0 点发布，我只能第一时间先通知当天的当班科长，再在早上交接班前将具体的操作流程写成文字发到群里"。

在有限的空间里，最合理地安排路径，最大限度避免交叉感染的风险，最大可能减少旅客等待的时间，这是张澍可能每天都需要做的事，"由于之前总署和地方对于重点国家的范围不一样，如何

三、复苏和坚守

按照总署的要求检疫,又如何按照地方的要求贴标,这些都需要细化"。

甚至小到连健康申明卡上打什么提示风险的标记,张澍都需要写进操作流程,"其实目前,最大的压力还是来自采样。以前是上海海关和地方一起在做,但现在100%核酸检测都在我们关口进行。我现场增设了很多打印机,就是给旅客打试管标签用的。为了提高检测的准确率,从4月初开始,除了咽拭子,我们还要采鼻拭子"。

流程安排好之后,除了突发状况和重大保障外,张澍要做的就是充分信任当班的科室。判定120转诊的标准是"死"的,但旅客的情况是"活"的。"万一出了问题,责任我来扛。"张澍总是这样鼓励流调医生大胆判断,"为的就是早发现,早隔离;不漏放,也不错留"。

哪缺人,我来顶

事实上,从春节前"防扩散,防输入"开始,张澍和她的同事们就告别了"准时下班"。

除夕当天晚上10时,张澍刚到小区门口,就接到了在机场同事打来的电话。浦东国际机场海关迎来了一个从武汉出境,要从上海入境的旅行团。与此同时,另一个几乎差不多到达了航班上,出现了群体性腹泻。

还没来得及下车,张澍就让司机直接调转方向,赶往机场。同时,她打电话通知备勤的同事,也立即前往支援。

由于当时并没有要求填写健康申明卡，旅客对于病毒的认识和申报意识也没到位，所有人均未申报异常。但在经过测温区时，有一位男性旅客体温偏高，经过海关流调医生的仔细询问，他这才表示，自己有咳嗽、肌肉痛、乏力、畏寒等一系列相关症状。

当时，当班的两名流调医师已经在岗超过了14个小时，身穿防护服在负压室内也连续工作了四五个小时，体力已处于严重的透支状态。

人手本就有些捉襟见肘，备勤的同事也还未赶来，"什么岗位都能顶"的张澍便亲自穿上防护服，将该名旅客带入负压隔离室进行进一步排查和处置。在结合了他的旅行史和症状之后，对其做出了有染疫风险的判断，采取了现场转诊的流程。之后，这名旅客被通报为确诊病例，是上海口岸首例输入性病例。

处理完这两架航班上的所有旅客，已是第二天清晨五时。在执行转诊的过程中，张澍穿着衬衣和防护服，在空旷的停机坪上迎来了农历新年的第一缕阳光。

在朋友圈里，张澍留下了这样的祝愿："这个悠长假期对我们是那样的艰难，却又满载希望，待春暖花开，唯愿安好。"

（应　琛）

三、复苏和坚守

出入境办证窗口，
特殊时期服务更要尽心尽责

"在这样一个特殊时期，还能如此尽心尽力地帮助我，不然这趟行程可真的要泡汤了。感谢！感谢！"这是居民熊先生拿到刚刚办好的新护照后对黄浦公安分局出入境办证大厅的民警们说的一番心里话。

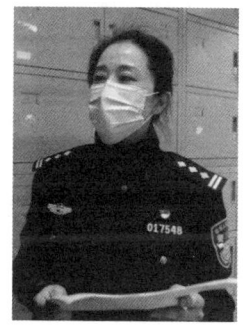

疫情就是警情，疫情就是命令。疫情期间，作为黄浦公安分局大院唯一的对外接待窗口，出入境办证大厅始终有序运营，并想方设法为一些有特殊需求的居民解决难题。

李君作为黄浦公安分局出入境窗口的负责人，与全局民警一样积极投身到抗击疫情的防控工作中，她以身作则,带领出入境办理窗口民警做好出入境办事大厅的日常消毒工作,连最细微的柜面缝隙都不放过。身为出入境窗口的当家人李君还要时刻关心窗口民警和警辅人员的口罩、消毒剂、体温计等防护用品的配备情况,为节后接待大量人员进入办证大厅办理业务做好有力保障。

在李君看来,"窗口服务,特殊时期更要尽心尽责!"

特殊时期特殊服务

春节期间,出入境办证大厅暂停受理业务,居民熊先生却由于刚应聘成为海外一家公司的技术人员,急着要前往国外赴任。因护照已过有效期,他特意到蒙自路上的黄浦出入境办证大厅寻求帮助。

李君和同事们经过商议,决定加班为熊先生办理护照换领,经多方协调,仅用一天时间就为熊先生办好了护照。1月31日下午,熊先生领到新护照,此时,离他预订的飞机起飞还剩几个小时,熊先生顺利登上了飞机。

3月26日,林先生(化名)走进出入境办证大厅,为其兄长办理恢复户籍和身份证事宜。但根据相关要求,需要先提供出入境部门开具的当事人出入境记录,而且需当事人亲自来办理。但林先生表示,多年前因出国打工被注销了户口的兄长,目前在国内养老院生活,"因防控疫情不方便从养老院出来。"

事情汇报到李君那里,她召集有关人员开展"头脑风暴",想出了一个两全其美的办法:和林先生的兄长通过视频对话,"认证"

他本人的这个意愿。在养老院的配合下,办证大厅工作人员和林先生兄长进行了视频对话。民警核实相关资料后,将很快为他的兄长开具出入境记录。林先生连声道谢。

"来来来,喝一杯香喷喷的八宝茶,暖暖身子!"一个下雨天,李君又熬制了八宝茶,给同事们享用,大家喝了心里暖洋洋的。疫情期间,她非常关心基层民警的健康,在微信群中推广居家锻炼视频,还自费为他们送上购置的餐食和防疫产品。

对工作,李君要求严格。为了做好办公区域消毒及工作人员防护,她采取了出入口单向通行、拉大自助区域排队间距等措施,特别针对需要摘下口罩的拍照间,加大消毒频次和通风力度。同时,及时启动战时勤务机制,A组B组均配备业务骨干,并指导民警学习多语种防疫宣传提醒,通过微信群发至涉外企业和相关部门,做好中心城区移民融入服务。

"白大褂"和"藏青蓝"夫妻同上一线

一天晚上,李君在办公室加班回家后感觉胃痛,儿子奇奇放下作业,到厨房里煮了一碗热气腾腾的馄饨,端到了妈妈的跟前,李君吃下后,胃就不痛了。"爸爸不在家,我来照顾你!"还在上初中的儿子这句话,让李君很是欣慰。

李君的丈夫辛海光是瑞金医院感染科的副主任医师,从大年初一起,就投身医院诊室和隔离病房抗击疫情。2月初,他还随医院援鄂医疗队去了武汉,支持那里的医疗救助。李君既要忙工作,照顾儿子，还要关心奋战在武汉一线的丈夫。因为工作的特殊性，两人打个电话的机会也很少，李君只能用微信叮嘱丈夫注意防护，合理休息，并将即将参加中考的儿子的学习情况向他远程"报告"。

在这样一个特殊的春节，有许许多多白衣天使和人民卫士守护在抗击疫情的第一线，"白大褂"和"藏青蓝"们，担负着保护人民生命安危和维护社会稳定的重要职责，正是他们挺身而出，身先士卒，才织就出阻击疫情的道道防护网，换来了社会秩序的平稳有序。拨云见日现霓虹，没有过不去的冬天，更没有到不了的春天，此时此刻，举国一心众志成城、守望相助，这道难关定能渡过！

(江跃中、《新民晚报》杨晓俊)

三、复苏和坚守

抗疫第一线，
东方航空客舱部女神姐姐站成墙

东方航空客舱部曾制作过一组提示语，其中有一句是"@亲爱的乘务员，密闭的客舱，是我们共同的战场"。

乘务员——在乘客眼中，她们是空中的女神；在父母眼中，她们是自家的宝贝；在孩子心里，她们是温柔的母亲。但她们更是在这个不见硝烟的"战场"上，为防控境外新冠疫情输入贡献自己的力量。是她们义无反顾地冲到了第一线，连续"作战"至今。

问她们"是否害怕在飞机上被感染"，答案当然是肯定的，但她们的实际行动表达的却是这样的决心：再难，也要坚守下去。

关注体温 体现航空服务温度

"为减少感染隐患,我司决定日韩航线三天由一套机组完成。相比正常的飞行执勤,这样安排机组人员要辛苦得多。由于执飞高风险地区航班,每次机组成员检验检疫时,都要等待很久,大大增加了他们的工作强度。"东航客舱部乘务四部客舱经理李莹华说,"我们专门辟出客舱最后三排右侧座位作为航空器临时隔离点。必要时可将疑似或发热旅客安置于此。同时将后部右侧盥洗室作为隔离人员专用,以免交叉感染;安排专人穿防护服为这些特殊旅客提供服务。"

为了三天的连续飞行,李莹华写了一个很长的小贴士发给乘务组成员。内容包括:航程中如有旅客发烧或地面测温超过 37.3 摄氏度该如何处理;所有机组成员每人一间房在单独一层集中隔离居住;每天发车时再测下组员体温等等。

近期因为疫情,东航从日本等地飞回的航班采用降舱飞行模式。头等舱乘务员唐黄莺说:"一下子面对这么多乘客,自己也是第一次。飞行中除了要做好服务,还要观察是否有疑似患者,防止交叉感染。"

唐黄莺的妈妈是医护人员,从大年三十到现在一直坚守在岗位上。"这段时间,我妈妈一直安慰我,航班少了就在家好好休息。最近医院也不忙,还有轮休,你看卫生局还给我们带来了好多吃的,你就放心吧。"唐黄莺说着说着,眼眶有点湿润了,"我在疫情刚开始时就瞒着父母申请做了志愿者,飞武汉包机。现在又报名连续

三、复苏和坚守

飞日韩航线。因为有坚强的妈妈,我想我也应该比普通孩子更勇敢一点。等疫情结束,我一定要让妈妈乘坐我的航班来上海看看我生活的地方。"

戴上口罩 罩不住善意和温暖

平日飞日本,飞机上不仅会供应各种精美的餐食,还有各种口味的冰淇淋和饮料,但现在都换成了简易的小瓶矿泉水和方便袋包装食物。对此,许多乘客都表示理解。"虽然我们都戴着口罩,但只要一个眼神,就能让人十分暖心。"唐黄莺说。

"前两天,飞机落地后,上海检疫人员通知乘客分批下机。得知可能需要等待两小时左右,我先到客舱中了解旅客诉求。我注意到有一对80多岁的老人，不管是填各类单据还是测量温度，一系列复杂的流程都没有寻求过我们任何帮助。他们在疫情期间所做的回国攻略甚至比很多小年轻还要管用。"唐黄莺说，"第一批下机时，我们广播先让转机旅客下机，这对老人也非常配合。等待第二批旅客下机期间，我发现老奶奶看上去有些不舒服，便把他们安排到相对宽敞、离我最近的空间。两位老人表示感谢并对我说：'你们年轻一辈，既要顾生活又要忙工作，所以要多多体谅。'"这让我感到非常温馨。

近期从一些疫情严重国家飞来的航班上，不少旅客心理压力较大，表现得有些焦躁。如何安抚他们，就成了乘务员的重要工作。这段时间从韩国起飞的航班上，有不少是举家来沪的旅客，有时会出现没戴口罩的乘客。这时乘务员就会拿出自己的备用口罩给他们；还有不少乘客对落地后的检疫政策和隔离政策不太了解，这时也需要乘务员在空中及时给大家解释清楚。

"我们的飞机当地时间3月5日中午从巴黎起飞，3月6日清晨抵达浦东机场。有位胡小姐刚上机就焦虑不安，我们巡舱时了解到她是一个人从意大利转机到巴黎，自我隔离一周后来上海。之前她有慢性支气管炎并且咳嗽，一直担心自己不能回中国，于是在法国做了全面体检，并把X光片子拿给我们看。"她说话时情绪很激动。东航客舱部乘务二部客舱经理王怡婷说，"我们把上海现在的隔离政策跟她作了说明，但她还是焦虑不安，说周围都是从意大利过来的转机客人。于是我们帮她换了座，她的情绪一下子平缓了很多，下机时还谢了我们。"

三、复苏和坚守

多方沟通 取得乘客理解配合

  飞机抵达浦东机场后,地面检疫人员表示,因为有60名从意大利转机回来的旅客,所以需要——排查,王怡婷当时心里就咯噔了一下。因为我们估计这样时间会比较久,而飞机上还有很多转机客人。于是我们跟乘客——耐心沟通解释,继续提供饮料服务,安抚大家的情绪。同时,我们还要配合检疫人员为每位旅客检测体温,做好记录,最终取得了乘客的理解和配合。"

  "我们曾遇到过航班大部分为韩国旅客,但当班没有韩籍乘务员,因此我们会立刻通过机上广播寻找懂韩语的中国籍旅客,请他们帮忙翻译让所有乘客都能理解。"东航客舱部乘务五部杨茜竹说,"如果只有中文和英文广播,可能会造成误会。有韩语广播,可以让乘客更加配合。"

  因为检疫,部分乘客不得不长时间等待,难免会有人恐慌。这时需要乘务员与乘客及时沟通,做好检疫工作。东航客舱部乘务三部客舱经理李珺说:"我们在机舱门口和放行检疫人员沟通后,将旅客想知道的信息及时传递给他们,不少旅客了解真实信息后都表示理解,下机时还会加一句'你们辛苦了!'"

  戴着口罩,她们还有爱笑的眼睛。端庄靓丽的空中女神也许不像医护人员那样冲在一线,但她们坚守岗位,也在默默地为防疫抗疫作贡献。

(《新民晚报》方 翔)

四
抚慰心灵

新冠肺炎疫情,是每一个人都必须作答的一张考卷。疫情中,生活难免单调枯燥缺少色彩。上海的文艺工作者早早地投入艺术创作,用线上多样的形式,把艺术的清风送到观众身边。不仅是艺术家,志愿者们也投身公益,为一线医护人员子女提供线上陪伴、为心理焦灼这送去安慰。

没有一个寒冬不能逾越,冬去春总会来。

- 大事记 -

1月下旬以来 上海全面启动心理援助热线，组建450人的心理咨询及健康宣教队伍、成立67人的多学科专家团队。整个2月，962288上海对外信息服务热线收到相关来电1765人次，对象覆盖27个国家和地区。

2月14日 上海市委宣传部下发《关于加强新冠肺炎疫情防控公众心理疏导的工作方案》。

3月17日 上海市精神卫生中心发布了《疫情防控市民心理疏导18问》（第二辑），指导民众调整"宅"家抗疫的生活，调适复工后的心理，在后疫情时代回归正常生活的正确心态。

4月8日 4月8日，"召唤——上海市抗击新冠肺炎疫情美术、摄影主题展"在中华艺术宫开幕，这是上海第一个以抗击疫情为主题的大型实体览。

4月24日 上海市教委主任陆靖介绍，在《开学工作指南》中已提前部署，组织各区各校做好应急心理预案，及时了解学生复学前心理状态，有效做好返校复学衔接工作；同时，市教委发布了复学返校心理疏导工作建议，分别就学校、教师、学生、家长在复学阶段的心理调适作出指导。

5月15日 一年一度的"5·15国际家庭日"，全国抗疫最美家庭揭晓，其中上海有15个家庭入选。

5月18日 上海交通大学"聚交战疫"云展厅正式上线。该线上展览通过图文视频等多种形式讲述上海交大人在一线、文化、科研等多个方面的战疫故事，是上海首家举办线上展览的高校，面向全球观众开放。

| 5月21日 | 由上海市卫生健康委员会和上海广播电视台联合策划制作的《人间世·抗击疫情特别节目》在东方卫视播出，呈现疫情阻击战中武汉、上海两地的感人故事，展现人性之光和社会进步的力量。 |

| 5月27日 | 复旦大学抗击新冠肺炎疫情专题展览在复旦大学图书馆医科馆正式揭幕，现场展出约500件珍贵抗疫实物展品以及抗疫图片展板等，其中很多展品均为首次向公众展出。 |

| 6月5日 | "最美守护者"——上海群文抗疫主题美术作品展在上海市群众艺术馆开幕，展现了疫情无情人有爱、众志成城除病魔的中国精神和力量。作品的创作者大都参加了基层组织的志愿者服务，奋战在抗击疫情的前线。 |

| 6月18日 | 上海大剧院上演上海芭蕾舞团经典版芭蕾舞剧《天鹅湖》，由此拉开新冠疫情后的复演序幕。上海大剧院售票划定不超过30%的上座"红线"，确保观众间隔就座。演出邀请了复旦大学附属华山医院、复旦大学附属中山医院、上海市第一人民医院的医护工作者代表及部分家属前来观演。 |

| 6月30日 | "艺心抗疫——上海市文史研究馆抗疫主题艺术作品展"在上海市文史研究馆展厅举办。最引发人们怀念的是已故书画大师陈佩秋先生特地为这场展览书写作品《抗击疫情 人人有责》。 |

| 7月1日 | 由上海话剧艺术中心制作出品、上海交通大学医学院附属瑞金医院协作的抗疫音乐剧《那年那时那座城》在上海虹桥艺术中心拉开帷幕。音乐剧生动再现医疗队员们的英勇无畏、攻坚克难以及革命的乐观主义精神。上话还诚邀"上海支援湖北医护人员"英雄榜的1649位医护人员来剧场免费观摩该剧演出。 |

武汉心理报告：
有四类人最需要帮助

新冠肺炎疫情给所有人心中带来一场"地震"，这场波及全国的心理"地震"，"震中"也在武汉。

华中师范大学心理学院牵头一项样本量达76530人的调查研究，调查时间为疫情最为严重的2020年2月9日到2月23日，调查对象来自全国。调查结论显示，武汉公众的失眠、抑郁、疑病、强迫、躯体化、焦虑、恐惧等心理症状最为明显，武汉作为疫情中心，当地的人们体验到的不适情绪更强烈，适应状态更差，需要重点关注。

这项研究的主要负责人之一、华中师范大学心理学院教授江光荣认为，到了疫情后期，武汉最需要担心的人群有四类：治愈出院的重型新冠肺炎患者、直接参与救治的医护人员、一线社区工作人员和丧亲的市民。

上海市精神卫生中心心理咨询与治疗中心主任仇剑崟及其团队也在疫情中调查了民众的心理应激反应及其动态变化，调查形成的结论在学术期刊"General Psychiatry"线上发表。调查共收到有效问卷 52730 份，评估 1 月 24 日至 2 月 10 日"疫情风暴"中一般民众的心理应激反应状况。这个研究同样认为，疫情中心的华中地区（湖北、湖南、河南）民众情绪反应显著高于其他地区。

新冠病毒是一种"诡异"的病毒，在没有出现明显症状时，病毒可能已经偷偷损伤人体器官，造成缺氧，却不让病人自己发现。新冠肺炎疫情带来的心理创伤，同样可能隐蔽地在一些特定人群中间蔓延，他们也许还没有察觉，或者并没有寻求帮助。

武汉的"心伤"，待疗。

当病毒爬进心里

网络上，一位曾经病重、如今治愈出院的老人，用长长的文字写下了自己的经历。

老人是退休的摄影爱好者，1 月 26 日因新冠肺炎住院，在重症监护室住了 8 天，目睹了同病房病友的去世，经受了一个病区 7 人死亡的恐惧，但他幸运地被治愈，2 月 14 日出院。

回到社区，世界对于老人来说却已经发生了天翻地覆的变化。他出院一个多月，总共出门四次，只要是知道他得过新冠肺炎的人，都对他避之不及。"即使是在自家的凉台上也不行。我家自带了一个 70 多平方米的凉台，那是我往常休闲娱乐的地方，出太阳的时候，我跑到凉台上去晒太阳，想补补钙。然后社区干部就来跟我反映：有居民反映你到凉台上了，那是户外空间，有人比较害怕，希望你以后不要上凉台了。从此我再也不去那个凉台,想晒太阳,我只能呆在自己的卧室里,把双腿放在窗台上。阳光透过窗户照进屋子的一丁点可怜的阳光,对我已经是恩赐了,我把这叫'铁窗'生活。"

让老人更加难以接受的是兄弟姐妹之间情感上的隔阂。"我的亲妹妹比我小很多,往常我最疼爱她,两家走动得很多,有好吃的我总惦记着她。但是自从我生病,她没有问候过我一次,没有给我打过一个电话,只跟我老伴通过一两个电话。在我病重的时候,我老伴给她电话,哭着告诉她哥哥快不行了。我小妹妹立即说:'不要跟我说这个,不要说这个。'把电话挂了。她可能觉得这是一个很晦气的事,这个伤了我的心。"

新冠肺炎病毒侵袭的不仅是躯体,还有人和人的关系,以及人们看待周围世界的眼光。什么是心理病毒?上海市妇联推出《照进女性内心的 15 面镜子》系列心理公开课,首讲邀请了上海体育学院心理学教授贺岭峰教授,他给"心理病毒"下了一个科学定义:关于疫情的一些消息,你接收到了、感受到了,在你的情绪上引发了一些波动或变化,这些波动和变化如果影响了你的健康状态或者情绪,那么我们都是说你可能就感染了心理病毒——比如说持续一周以上的恐惧焦虑、愤怒易激、退缩消极,以及一些躯体上的变化:血压升高、呼吸急促、胸闷气短、肾上腺素水平升高……"

而上海市精神卫生中心心理咨询与治疗中心主任仇剑崟主持的这项研究表明,新冠肺炎疫情最严重的阶段,接受调查的对象中 35% 的民众对新冠肺炎疫情存在明显的情绪应激反应。

按照年龄特征看,青年(18-30 岁)和老年(60 岁以上)人群情绪反应较明显,原因可能是青年人信息获取多来自自媒体渠道,媒体中大量疫情报道使他们容易受到疫情动态的影响产生应激反应。而老年人本身身体素质较弱,再加上本次疫情中大部分死亡病例为60岁以上的老年患者,因此肺炎疫情对老年人身心健康的影响也更明显。

四类人群"心伤"严重

疫情对每一个人都会带来心理上的影响,大多数人随着疫情的结束、时间的推移,负面的心理影响逐渐消失,但对于几类特殊群体中的部分人,心理上的伤害可能会延续很长的时间。江光荣教授认为,这些人就是接下来灾后心理重建中,最需要得到帮助的人。

第一类需要关注的是曾经的新冠肺炎患者,尤其是其中的重症患者。"这个人群绝对数量可能不多,在武汉大约几千人或者上万人。武汉的重症患者曾遭受两重心理创伤,第一重是疫情初期医疗资源不足,不能得到及时救治,心理上产生极大的恐惧,还有愤怒等情绪。第二重是一些重型患者经历了非常痛苦的抢救过程,有的患者描述是'生不如死'。"江教授说。

第二类人群是救治一线的医护人员。江光荣教授认为,武汉本地的医护人员承受的心理压力,比后来援助武汉的医护人员更大。援鄂医疗队是在举国褒扬、英雄主义的氛围下工作,而且防护物资也逐渐丰富,对医护人员的保护比较周全。而早期武汉当地医护人员,是在对病毒了解不够、防护不足、后勤保障不足、身边同事相继感染的情况下工作。

第三类群体是疫情中做支持保障管理工作的一线工作人员，比如社区工作人员、社区志愿者、医院志愿者、基层的政府官员等等。江光荣说，他们非常辛苦，承受了巨大压力，工作风险性高，工作量又大，有的还遇到不理解、对工作的批评，他们受到心理伤害，但得到的支持、同情比较少。

第四类人群是疫情中丧亲的家庭，涉及的人数更少一些，但他们的情况比较特殊。新冠肺炎疫情中很多是家庭传染，家中有人病逝后，家人可能也在治疗或者隔离，大部分家庭没有与病逝者做最后的告别。

"无论中外文化，与去世的亲人做最后告别，是一个非常重要的仪式，从心理健康的角度来说也是一个非常重要的心理治疗过程，但武汉的这些家庭，当时没有能够与亲人做最后的告别。"最近，武汉的殡仪馆开放让家属领取疫情中过世的家人的骨灰，江光荣教授认为，这个取回骨灰的过程，有关部门应该安排隆重而肃穆的仪式，充分体现对逝者的尊重，给家属哀悼的机会，弥补丧亲家庭最后的遗憾。

这四类人群，因为受冲击较大，如果不能得到及时的心理帮助，其中有的人是有可能形成PTSD（创伤后应激综合征）。至于普通公众，江光荣教授认为，人的心理调节能力是很强大的，大部分人不需要太多的心理援助，自己可以慢慢适应和调节情绪。当然，总还是有一个小比例的人，需要得到延伸的心理援助。

四、抚慰心灵

大规模隔离带来的新问题

"安全"是人最基本的需求,如果安全受威胁,人会出现紧张、焦虑、恐惧等等情绪。无论是地震、洪水等自然灾害,还是战争,或是新冠肺炎这样的传染病疫情,特殊事件首先给人带来的就是因失去安全感产生的负面情绪。对于这些情绪,无论是教科书还是过往的经验,都有应对方法。

但新冠肺炎疫情带来了一个新问题:大规模长期的隔离生活,会给人的心理带来什么样的影响?该如何对那些因长期隔离而产生负面情绪的人给予援助?

"几百万人居家隔离,时间长达两个多月,心理学历史上很少遭遇过这样的事情,我觉得在世界历史上也没有出现过这种现象。没有发生过的事自然缺乏研究,人们会有怎样的心理问题我们了解不多。"江光荣教授说。

1月23日武汉封城,很多武汉居民度过了2个多月禁足的生活,江光荣认为,这种隔离带来的心理后果,目前只能靠一些原有的理论和实验做推测。

历史上曾有人拿自己做隔离实验,把自己关进与世隔绝的地方,考验自己能耐受多久。最长的纪录是一个人将自己隔离在山洞中长达200多天。疫情中公众的隔离跟上面提到的这种隔离应该很不一样。武汉市民绝大多数和家人生活在一起的,并且依靠发达的媒体,大家一直与外界保持着联系。"心理学上有一个概念叫社交剥夺或者刺激剥夺,我觉得隔离生活中的人这两个剥夺都是有限的。只能说社交的多样性可能被剥夺了,生活变得比较单调,你每天与单调的人相处,生活在单调的物理环境中。"由此江光荣认为,隔离生活对大多数人来说应该不会造成太大的心理损害,不过现在没有任何实证的研究。

仇剑崟团队的研究发现了一个之前被忽略的群体——进城务工者,他们的情绪反应指数显著高于其他职业。仇剑崟主任认为,由于武汉封城以及全国性的经济活动暂停,延迟复工使得进城务工者群体暂时失去了收入来源,经济压力骤增容易触发消极情绪反应。仇剑崟提醒说,这个群体的情绪问题如果没有得到足够的重视,没有及时干预和化解,有可能成为社会矛盾的种子,因此相关的政策措施要首先考虑他们。

待人发现的"秘密"

不轻易诉说内心的压力,是医护人员群体的一个心理特征,而他们心里的"秘密",在这场突如其来的抗疫战斗中,有可能会压垮素来坚强的白衣战士。

华东师范大学附属精神卫生中心陈亮亮医生,是上海第三批援鄂医疗队的成员,也是上海最早随医疗队到达武汉开展心理干预工作的精神心理专业人员之一。1月28日到武汉时,医院里病死率高、防护物资不足、病房人员紧张、大量病人等待救治、全体医护人员承受着巨大的身心压力。

进驻武汉市第三医院的当天,医疗队"沪鄂心连心"心理干预

四、抚慰心灵

小组就开始工作了，他们把心理咨询室开设在距离医护人员休息室最近的地方。陈亮亮医生说，心理团队初期接待的当地一线医护人员，很多都是没说两句话就眼圈发红、开始哽咽甚至掩面大哭，以此来释放积压的情绪。

一位队员让陈亮亮印象深刻，她遭受的心理冲击在专业上被称为"替代性创伤"——这位护士照护的一名患者，与她年纪相仿，家里上有老下有小。因为家庭情况相似，护士对病人格外抱以同情，但最后病人还是不幸去世。此后，这名护士感觉就像自己的亲人去世了一样，陷入了巨大的哀伤和自责中，她总感觉自己或许没有尽力。轮休的时候也想着病房里的事情，想着患者的家庭破裂、老人孩子无人照顾……经常会难过得流泪、茶饭不思。在连续失眠近一周后，她向"沪鄂心连心援助平台"公众号发来求助。

陈亮亮医生介绍，重大灾难事故或公共卫生事件的救治过程中，医护人员容易出现替代性创伤。如参与病人抢救的医生、护理重症患者的护士甚至救援现场的志愿者，在救治过程中间均投注了很多的心血，她们对病人了解越多，代入感越强。当目睹这样一些冲击性的场景后，一些医护人员的心理反应会超出他们能够承受的范围，这就会形成心理伤害甚至达到心理危机的程度。

正是考虑到这些情况，援鄂医疗队格外重视对医护的心理培训，这等于是为抗疫一线的白衣战士们穿上一身"心理防护服"。

（黄　祺）

抚慰心灵的"伤"

2月21日,上海援鄂心理医疗队抵达武汉。50名队员来自上海市精神卫生中心和上海各区精神卫生中心,在10个医疗机构开展工作,方舱医院全部休舱后在6家新冠肺炎定点收治医院驻点,近期根据国家卫健委统一安排接手了雷神山医院等两家定点医院的心理救援工作。

这是中国第一次大规模组织心理医疗队到疫情重点地区开展心理干预工作,上海、湖南、四川等省市成规模派出8支心理医疗队,共300人在武汉各家医疗机构与临床医生一起为患者提供服务,同时也为医护人员提供心理健康保障。

上海援鄂心理医疗队领队、上海市精神卫生中心副院长王振认为,"在疫情进展到一个多月的时间点有序、科学地开展心理干预,是一个非常及时和恰当的措施。"

部分医护人员心里"留伤"

在外人的眼中,参加抗疫的医护人员是英雄、是焦点。只有少

四、抚慰心灵

数人能注意到他们也许已经"受伤"了——他们只是假装坚强的普通人。

一位医护人员眼睁睁地看着一位30多岁的病人在自己手上死去,很自责,很内疚,天天做噩梦,天天半夜哭醒……一位医护人员打心理热线求助,还没说几句,就开始号啕大哭,没等情绪释放完就匆匆挂了电话,擦干眼泪继续工作……还有医护人员下班后不停反复洗手,反复换衣服,反复往身上喷酒精。我们看到了医护人员身为逆行者的英勇,却忘了他们身为普通人的脆弱。

很难想象,在前线的日子里,医护人员都经历着怎样的心境。他们要不停地接收病人,没有时间好好休息。当这些事情在短时间内一股脑涌入,医护人员的心理防线很容易被击溃,从而患上创伤后应激障碍(PTSD)——这是一种当个体经历、目睹或遭遇到异常强烈的情绪刺激后(如体验死亡威胁、目睹他人死亡、躯体受伤害等),延迟出现并持续存在的一类精神疾病。一旦出现这种心理情况,整个人就会陷入极度的痛苦之中——噩梦缠身、焦虑不安;对周围亲近的人情绪麻木;容易受到惊吓,脑中总是会浮现出一些创伤的画面;严重者甚至会自杀。此外,女性患有PTSD的比例远远超出男性。而在支援前线的医护人员中,女性的比例更是占了2/3。她们和男人一样在前线拼命救人,可是她们却要承受更多的压力和痛苦。

随着武汉患者人数减少,心理医疗队的工作重点更多地放在了医护人员上。

"之前救治的压力很大,医护人员都绷着神经,现在救治的任务轻了一些，医护人员有时间去想一想，这个时候心理问题也逐渐呈现出来。"王振表示，"他们在疫情早期的经历，可能留下比较大的心理创伤。我们对这些医护人员开展线上心理筛查，如果他觉得自己需要帮助，可以在后台留下电话，我们专业的心理医生就会为他提供电话咨询服务。目前已经做了1000多人次的电话咨询服务。某些特别需要面对面访谈的，我们也会做访谈。"

在王振看来，之前医护人员在紧张的工作中，主要是焦虑和失眠比较多，这两点大多数人有所改善，但也出现了新的问题——特别是很早就参加救治的武汉当地医护人员，和到武汉比较早的医疗队队员，他们经历了物资缺乏的时期，对感染的恐惧，在急重症病房里看到救治无效的场面，经历过想帮助病人但又无能为力的那种痛苦，这些对医护人员影响是比较严重的，不进行干预的话，部分人可能长期不能释怀。

而心理医疗队的干预方式，有线上，也有线下——比如"巴林特小组活动"。

王振在武汉金银潭医院组织了3次巴林特小组活动，大家坐在一起谈自己的感受。有的参与者可能是同事推荐来的，刚坐下时会说，自己没有什么想说的，带着完成任务的态度。但在小组氛围的影响下逐渐敞开心扉，就会发现，他们也有很深的心理创伤——早期武汉一床难求，亲戚朋友打电话求助，他们帮不上忙。那种无助、自责，也是很多医护人员心里的疙瘩。有的人自己可以修复，但有的人就需要专业心理医生的帮助，因为他们可能不知道如何表达情绪，甚至不允许自己哭。

四、抚慰心灵

不只是武汉医护人员，上海支援武汉的医护人员，也有自己的心理问题需要疏导——他们来武汉的时候，家人很支持，但也很担心他们的安全，他们自己也担心感染的危险，这是一种非常混杂的情绪，女性医护人员见不到孩子，想起孩子会觉得很难过，但又怕这种情绪影响家里孩子的心态。当谈到孩子的时候，很多人会流泪。

早期"救命"，后来"救心"

心理医疗队初到武汉时，一度接触了不少重症患者，而他们都很可能同时出现心理问题，需要王振和他的同事们去做专科检查和诊断。

"让我印象深刻的是一位老年病人，我们会诊的时候，他已经出现抑郁症状，而且初步判断达到了中度抑郁。这位老人老伴过世多年，之前一个人生活，自己照料自己没有太大问题。住进金银潭医院后，是我们上海援鄂医疗队负责治疗的。经过治疗他恢复得挺快，但心理状态一直不太好。没有治愈时，他常常吵着要出院，其实这是一种焦虑恐惧的表现。现在他治愈可以出院了，又坚决不肯出院。"

王振回忆道，"临床医生说，通知他出院，他坚决拒绝，不跟医生说话，非常烦躁，甚至有轻生厌世的想法。我们进病房到床边和他交流，他起初也不肯讲话，后来他终于说出来，他最担心的是孩子不欢迎他回家。老人内心是非常渴望回家的，但孩子可能跟他说，怕他回去生活不方便，大家都在隔离，家里没有能力照顾他。

因为这种担心，他不想出院。再加上医院里医护人员对他照顾得很好，这一对比，心里就会很难过，感觉自己有家不能回，慢慢地产生一些消极的想法。"

知道他的想法后，王振先做了一些认知上的疏导，告诉他出院后隔离期间社区都有相应的生活安排。然后引导他理解子女的本意不是嫌弃他，教会他如何与子女沟通。同时引导他疏泄自己的悲伤情绪。经过近半小时的心理疏导，老人的情绪有所平复，但由于其抑郁症状仍然较明显，也给他开了药物。

在我们的想象中，病好了要出院了应该很高兴。却没想到，快出院的病人也很容易出现心理问题。

"病情重的时候，来不及顾及心理上的感受，那时候救命要紧，等到患者身体上的疾病缓解了，心理症状就表现出来了。我们心理医疗队在疫情发生一个多月的时间点来武汉，时机很好，我们希望在疫情还没有结束的应激期，帮助他把焦虑缓解下来，以免造成长期影响。因为早期主要任务是救治病人，心理医生在'救命'部分没有太大的用武之地，甚至会添乱。而到了疫情中后期，国家卫健委及时派出心理医疗队这个决策是很重要的。"王振说。

除了重症患者的心理问题，心理医疗队还特别关注一个群体——儿童患者。"我们有一组同事在武汉市儿童医院，那里收治了一些儿童患者。我最担心的是他们的未来。这次新冠肺炎疫情中不少是一家人感染的，这些孩子里可能有部分孩子的父母因为这个病去世了，他们的心理问题，需要我们关注。目前我们还在做筛查，看看每个孩子大概是什么情况。这个筛查做起来不容易，因为有的孩子可能并不知道家里人的情况,大人和孩子在不同的地方治疗。"

传染病疫情"慢性应激反应"与地震不同

和地震、火灾等等灾难相比,传染病疫情中的患者,他们的心理问题还有些不一样。因为地震、火灾都是一次性就过去了,而传染病持续的时间长,很多人会因为持续存在的慢性应激而产生心理问题。而且无论是火灾还是地震,都是局限在特定区域内的。即使是汶川地震这么大的一次地震,也仅仅在四川省内,其他地方不太会受到影响。但传染病不一样,尤其像这次新冠疫情,扩散得非常快,每一个人都处于潜在的危险之中,所以它很容易造成全社会的恐慌——即使你周围还没出现感染者,你也处于恐慌之中,因为你不知道明天会不会发生在自己身上。现实的威胁会导致人们的焦虑水平大幅度提升,这和地震和火灾影响到的人群,不是一个数量级的。

"疫情严重的地区,就像武汉的这些人,有可能带来创伤后应激障碍,尤其对那些自身患病,而且是留有后遗症的,或者是家里有亲属去世的,或者自己目睹了亲属、周围人去世的这些人,可能后续会出现这个疾病。但我们也发现,中国的传统文化对我们的心理健康有很大的保护作用,所以后期真正发生创伤性应激障碍的比例和西方报告的数据比起来可能会低一些。在这种群体危机事件时,中国人的心理韧性似乎更强,比如'大难不死必有后福'等传统的信念在面对大的灾难时有它非常积极的意义,对保护我们的心理健康是有帮助的。"王振认为，另外一个必须强调的是我们的国家和政府采取的强有力的应对机制，"面对疫情时的强大动员和协调能力，无形之中能够增强人们的信心和安全感。"

相比2008年汶川地震后的心理干预，如今的心理咨询也有了很大的进步。王振回忆2008年，当时有不少心理医生和心理咨询人员以志愿者的身份到灾区去工作。"他们的愿望是好的，但因为心理干预工作组织比较混乱，有的人反而给灾民带去二次创伤。有一些心理咨询师专业能力不足，到现场的话也会给自身带来一些麻烦。经过汶川地震等灾害后，心理干预领域总结经验教训，现在各方面对心理干预的重视程度、组织能力和专业性都比当年进步很多了。"

（黄　祺、《视觉志》）

四、抚慰心灵

口罩背后，文艺依旧

冬去春归，因疫情而停摆的也一一随春归来。尽管口罩仍未能摘下，但口罩背后，文艺依旧。

3月，影视人奔赴前线创作；4月，"口罩芭蕾"热度刷屏；5月，剧场演出正式回归；6月，"我的电影院记忆"启动……不管是疫情当时还是如今的后疫情时代，文艺始终是我们生活中重要的治愈系，正所谓"医治病，艺暖心"。

记录历史、参与历史

4月27日，"华为中国"公众号发布了一段2分17秒视频，是上海芭蕾舞团的演员们戴着口罩跳"四小天鹅"，"停工不停功"的身影。华为公司CEO任正非评论："梅花香自苦寒来，这也是华为精神。"

这段视频被各大网络平台转发后，"口罩芭蕾"精神引发持续共鸣，获得上亿点击。华为将视频翻译成9种语言，传递给170多个国家和地区的员工、客户、合作伙伴，激励人们以积极心态面对挑战。

　　随后，上海芭蕾舞团代表及奚美娟、毛尖等上海文化界代表参观了华为上海研究所5G展厅，分享不同领域的奋斗经历，探讨"口罩芭蕾"的时代意义。上海芭蕾舞团团长辛丽丽说："这么多人给'口罩芭蕾'视频点赞，是在为上芭的艺术执着点赞，为华为的企业文化点赞，也是为疫情期间坚守在自己岗位上默默奉献的每一个英雄点赞。"

　　疫情中，上海芭蕾舞团是上海第一家复工的文艺院团——2月1日美国巡演归来，在家隔离14天后，演员们陆续回到排练厅，他们戴着口罩跳芭蕾的照片一度登上微博热搜。特殊时期剧场停摆，上海芭蕾舞团积极打开思路、创新发展，把云端作为舞台，云练功、云创作、云排练、云演出不断。上芭排练厅为现代芭蕾专场《起点Ⅲ——时间对岸》作最后联排时，上芭团长、这部作品编导辛丽丽还特别邀请专家以及50位专业观众前来观摩和把关。

　　坐在首排，认真观看了联排的上海市文联主席奚美娟称赞上芭的年轻演员有朝气、有拼劲，这股子精气神"不输给世界上任何一支芭蕾舞团"。她感慨："我记得辛团长说过，芭蕾舞演员三天不练就退功，三个月不练，舞团就废了。所以她坚持'停工不停功'，今天的演出，让我深深感受到了这种坚持。"

　　中国剧协副主席罗怀臻也表示，上芭的"口罩芭蕾"已经在这个特殊历史时期留下了深刻的一笔，是中国艺术家的时代印记，非常宝贵。"如果说，以往芭蕾的灵魂都是附着于古典作品的，那么今天的作品则把我们的生命绽放在了当代芭蕾的舞台上。它让我们

四、抚慰心灵

看到芭蕾的魅力，也看到有时代感的生命表达。"

疫情当前依然坚持鼓舞人心、传递力量的文艺工作者还有许多——上海电视台主持人拿出17年前抗击非典的歌曲《非凡英勇》重新演绎；上海广播电视台携手二十多位上海艺术家"云录制"《手牵手》MV；上海新文艺联合会发起的"云合唱"《同胞兄弟》；《逆行天使》饱含着上海曲艺人的祝福；上海市美术家协会的漫画家们发起《2020年"众志成城战疫情"漫画展》征稿；还有更多的音乐节、图书馆、博物馆，都从线下搬到了线上，使"云直播""云观展"成为网络热词。足不出户，就能尽享文艺熏陶。

抗疫歌曲，传递信心

"请平安回家，2020！答应我好吗？"在三八国际妇女节到来之际，上海市妇联、新华社新媒体中心、新华社上海分社联合推出原创抗疫公益歌曲《答应我》。这首歌由编剧王丽萍策划并作词，苏隽杰、苏凯文作曲，平安演唱。王丽萍说，"这段特殊的时期，每个家庭都经历了很多，从小家到大家，大家互相支持，互相问候，这首歌就是为家人之间的温暖而写的。"

因为疫情，王丽萍也和家人一起宅在家里，和合作过《生活启示录》等多部电视剧的作曲家苏隽杰经常互致问候。2月15日，王丽萍对苏隽杰说："我们创作一首歌吧！"苏隽杰也正有此意。于是，王丽萍作词，苏隽杰与儿子苏凯文谱曲。正在上大学的儿子苏凯文对参与这次创作非常兴奋，他说："我们相信，一定会好起来的。"

他们觉得一定要在歌曲里表达信心与鼓励。

王丽萍说:"创作这个歌,想表达'我们在一起'的勇气与力量。"创作完成之后,比较困难的是找录音棚,王丽萍找到了曾在《生活启示录》合作过的歌手平安,平安二话不说,立即联系了录音棚,而因为录音棚的灯光不够,平安还到楼上去借灯。"我记得很清楚,是2月29日那天,二月意外收获的一天。"王丽萍说。歌手平安说,"《答应我》的歌词很平实,我们每天平常不过的问候,加在一起,就是答应我,一定要平安回来!"

MV的拍摄是由导演、摄影师阿迪江完成的,王丽萍和阿迪江说起要拍这首歌时,阿迪江早就技痒难耐,"宅在家里,太想创作了!"阿迪江还发动了他周围的亲人朋友,一起拍合家欢,写上"中国加油"给大家带去信心与鼓励。阿迪江说:"通过照片上一张张孩子的脸和天真的眼睛,我们表达深深的爱与祝福。"后期阿迪江请朋友帮忙剪辑,三天三夜没有睡觉。

3月6日《答应我》上线,不到24小时点击量突破150万。在这场没有硝烟的抗击疫情中那些最美的战疫英雄,他们也是父亲、母亲、儿子、女儿,家里也有人在盼着他们,能回去吃一碗热饭。

演出回归,生活重启

随着疫情阴霾的逐渐散去,5月29日晚,上海文化广场推出了音乐剧集锦音乐会《二零二零年五月二十九日》,这是上海疫情后第一台正式商业售票的公演。

四、抚慰心灵

"2020529"几个巨大的数字,既是这个演出的名字,也是这个对所有剧场人和观众具有特殊意义的日子。

场内的观众席,观众隔排隔座严格按照演出票而坐,偌大的剧场虽比以往空旷很多,却竟有一种特别的温暖和热烈在其间。"不论经历怎样的过去与现在,我们都和你一起走向未来。"在每两个观众间隔的座椅上,贴着温暖字句的封条,让观众又生出一种感慨和感动。

演出结束,场灯暗下。黑漆的舞台上,突然亮起一行字:"剧院里同时存在着过去、现在、未来的所有时间。"观众们再次热烈的鼓掌、喝彩、叫好。那些久违的剧场氛围,在一瞬间又一次达到高潮。

这场音乐会以上海文化广场自制中文版音乐剧《拉赫玛尼诺夫》《我的遗愿清单》《也许美好结局》片段,分别寓意过去、现在与未来,演出以日期命名,是剧院与观众在当下相遇的一期一会,也是标记剧院复演重启的分割线。

在现场,黄浦区精神卫生中心北京西路院区负责人陈健医生和夫人一起来看演出。作为上海第九批援鄂医疗队心理医疗队的一员,陈医生在湖北黄陂整整奋战了40多天,他同时也是医疗队第六小组的组长。在湖北,陈医生和他的团队每天都要工作十几个小时,为当地的患者和医护人员提供各种心理治疗和帮助,几乎没有休息过一天。但回到上海后,陈医生依然万分忙碌,和同样也是医院护士的妻子也每天都要忙于工作。两位医护工作者平时没有时间看演出,而这一次,因为演艺大世界"艺起前行,感谢有你"的赠票活动,夫妻俩第一次携手走进文化广场观看音乐剧，共度一个美好的夜晚。

上海市瑞金康复医院护士长陈俊彦则带着儿子来到现场。身为第二批援鄂医疗队（重症护理）副领队兼临时党支部副书记，陈俊彦一直战斗在金银潭医院，整整两个多月。提及那段艰难的日子，陈护士长说，当时真的很辛苦，尤其有一天，一下子就收了13个病人，无论是身体还是心理上，"我真的觉得自己要不行了"，想起这一天，她至今都想哭。但被问及如今最想做的事情，陈俊彦却说，还是希望能够回武汉去看一看。

沉寂了120余天的剧院重启大幕，观众也再次从城市各个角落集结而来。演出结束，观众们甚至迟迟不愿离去。很多人在剧场大厅的背景板前合影留念。还有观众把演出说明书摆在桌子上，把剧场给每位观众的留言纸投递到红色邮筒，拍照，纪念。

"四个多月没进剧场了，真的是百感交集，刚刚看演出我差点哭了"。走出剧场的那一刻，单小姐和同伴感慨万千，两人眼眶里含着泪水，脸上却全是兴奋。

走出上海文化广场，天气预报中的暴雨始终没有袭来。微风拂面，广场的绿草透出清香。灯光下，再次照亮两旁广告旗上的字句："不论经历怎样的过去与现在，我们都和你一起走向未来。"

演出渐次回归，而电影院因为种种原因仍未复工。2017年创办了自己影视公司的知名电影人藤井树，今年本已完成创业作《荞麦疯长》，原定2020年情人节档期，却因为疫情而使得上映遥遥无期。

5月底6月初，沉寂了一段时间的电影人终于又找到了自己的出发点——藤井树观影团通过云直播，和大家相约云端的影院——

四、抚慰心灵

第一期节目来到了 SFC 上影影城新衡山店，畅聊和上海有关的花、旗袍和女人，领略上海风情。

第二期电影院记忆直播去到的是 SFC 上海影城，主持人藤井树和嘉宾石川教授、上影影城影管公司员工李晨，一起透过直播镜头，和大家分享上海影城、上海国际电影节、上海电影博物馆那些资深影迷才知道的趣闻。

走进上海影城大厅，大厅顶部装饰着一串串红灯笼，还保留着过年前特意装扮的喜庆气氛。自 1 月 23 日影城受疫情影响关闭，到现在，上海影城已经有一百多天没有和观众见面了。原本今年 6 月的上海国际电影节的主会场就在这里，是上海影城最热闹的时候，今年电影节因为疫情延期，但曾经的热闹场面仍然印刻人心。

除了上海的影院记忆，藤井树还邀请演员们一同回忆印象中的电影院——第一期访谈邀请到演员姚晨——她对上海的礼堂式影院印象深刻，"在上海跑电影宣传时见识过，很有气势，跟观众交流得喊着说"。

演员谭卓把电影院形容为"心事的盒子"，演员杨子姗最记得过年期间和家人一起排队买票看电影的经历，"记得那种很温馨的感觉"。演员吕星辰说她在电影院看的最后一部电影是原本春节档要上映的《夺冠》首映场，"电影非常精彩，好几处被感动的止不住流泪，当然也有很燃很热血的地方"。希望这部电影很快就可以在电影院里被大家一同欣赏，后疫情时代，中国女排精神一定会像她曾经激励的几代人一样，依旧鼓舞人心。

（《澎湃》潘　妤、吴　翔、吴　桐）

朱洁静起舞《晨光曲》,"云课堂"陪伴上海援鄂医疗队度过隔离期

最后一批上海援鄂医疗队员回家了。一堂特殊的舞蹈"私教课"在"云端"展开,"授课老师"是上海歌舞团荣典首席演员朱洁静,"学生"则是刚刚返沪的援鄂医护工作者。

战疫期间,上海市妇联曾开展"最美"逆行者"放心家园"专项行动,动员整合全市各级妇联组织和女性社会组织,为援鄂医护人员家庭开展"三送"关爱服务——一送问候,送上"娘家人"的慰问信和慰问品;二送服务,为援鄂医疗队家庭提供家政、学习辅导、排忧解难等个性化服务;三送鼓励,广泛寻找抗疫中涌现出来的最美家庭,

四、抚慰心灵

积极宣传她们"舍小家为大家"的故事和"不论生死、救死扶伤"的职业精神。

如今,援鄂医疗队员们凯旋归来,为了让他们健康快乐地度过返沪后的14天休整期,上海市妇联、市卫健委整合"上海文化"巾帼文明岗联盟各方资源,面向援鄂医务人员推出丰富而有趣的线上活动项目。作为系列线上活动之中的一项重要内容,上海国际舞蹈中心发展基金会聚合上海芭蕾舞团、上海歌舞团、上戏舞蹈学院、上海市舞蹈学校的优质资源,将"舞空间云课堂"送进了援鄂医疗队员当中。

朱洁静塑造过无数经典的舞台形象,包括《朱鹮》里的"鹮仙"和《永不消逝的电波》中的"兰芬"。

"云课堂"在朱洁静学跳的手势舞《听我说谢谢你》中拉开序幕,直播课程持续了将近1个小时。面对镜头,朱洁静在上海歌舞团排练房里演示"热身运动法";身处隔离点的上海援鄂医疗队员通过视频软件接收实时教学画面,认真跟学。

"援鄂医疗队员刚经历过高强度的抗疫工作,长时间穿着防护服、身心疲惫的他们并不适合大运动量的训练。为此,我专门挑选了一些坐在沙发上,看着电视也能进行的基础热身动作,帮助他们舒缓身心。"朱洁静透露,整套动作从勾绷脚的练习开始,再到踝、膝、胯等关节旋转和韧带拉伸,进而延伸到下肢、脖颈、胸腰部位练习,循序渐进,一点点激活医护工作者们的身体。

课程后半段,医疗队员们跟朱洁静聊起了"家长里短":医生护士适合学什么舞蹈,舞蹈演员日常饮食有什么讲究,家里的孩子

几岁能学舞……应"学员"们的热情邀约,朱洁静在现场跳起了舞蹈《晨光曲》的片段。这段改编自舞剧《永不消逝的电波》的作品,曾经闪耀在央视春晚的舞台上,它以海派舞蹈的独特风韵寓意了中国人迎着朝阳,沐浴晨曦,开始充满希望的生活,如今也在抚慰着上海援鄂医疗队员们的心灵。

今年2月起,上海国际舞蹈中心发展基金会推出"舞空间云课堂",邀请舞蹈艺术家在线教学,于疫情期间普及推广舞蹈艺术。接到市妇联、市卫健委慰问援鄂医疗队活动的邀约后,上海国际舞蹈中心发展基金会多方联络,整合资源,面向上海援鄂医疗队员推出了一系列"舞空间"云课堂线上课程。

继朱洁静之后,还将有上戏舞蹈学院院副院长周蓓、优秀青年

四、抚慰心灵

教师唐文、上海芭蕾舞团首席主要演员吴虎生、国家一级演员陈艳、英国黑池国标舞青年组亚军孙佳等陆续登场,教授芭蕾、普拉提、华尔兹、民族民间舞。"在当前环境下,这样的训练内容,非常适合正在隔离的上海援鄂医疗队员。每一位老师也都全力支持,不求回报地全身心投入其中。"上海国际舞蹈中心发展基金会秘书长王延告诉记者:"我们最朴素的一个想法,就是把舞蹈艺术最美好、最精华的内容送到最辛苦的医护人员身边。"

除了上海国际舞蹈中心的"舞空间"云课堂之外,市妇联、市卫健委还相继推出了上海广播电视台融媒体中心的短视频制作、彩虹室内合唱团的线上音乐教室、以及市妇联心理公开课线上课程等众多内容,陪伴上海援鄂医护队员度过轻松、温暖的休整期。

(《文汇报》宣 晶)

女性的力量 \ 中国抗疫战中的上海女性

奥运冠军徐莉佳英国"居家抗疫"，传递体育精神

2012年伦敦奥运会，在英国南部小镇韦茅斯，徐莉佳成为中国首位夺得帆船奥运金牌的中国运动员。如今的她居住在此，伴随着这片熟悉的海浪声，徐莉佳完成了硕士学业，同丈夫两人继续扎根于心爱的帆船事业。

新冠肺炎疫情全球爆发，打乱了徐莉佳全年工作计划。不过，在韦茅斯过居家生活，依然充实。在线帮助在国内的师妹张东霜备战东京奥运，向全球帆船运动员分享经验……徐莉佳说："我们每一个人都可以选择乐观地去面对全球疫情形势下的巨大挑战，利用好难得的宅家清闲时间，做

些平时很想做却又没机会或没时间做的事,或许能找回很多被我们忽视的感人细节。"

线上教锻炼,鼓励普通人加入健身

韦茅斯属于乡村地区,同伦敦相比疫情并不严重,其所在的多塞特郡一共有不到50例的确诊病例。当地的商店、体育文化等公共设施已停业,徐莉佳坦言,起初最不习惯的是健身房关闭,突然间原来的运动习惯完全被迫改变。当地政府允许大众每天出门锻炼一次,徐莉佳会和丈夫去空旷的地方骑自行车或者跑步,呼吸新鲜空气。"随着英国死亡病例的增多,再加上越来越多的名人向大众呼吁,如今当地的年轻人渐渐转变了观念,不像以往那样聚餐派对了。"

而在家里,她尝试各种各样的居家运动。今年春节期间,新民晚报和五星体育分别邀请徐莉佳为上海市民录制居家锻炼视频,录完之后,徐莉佳本人也"沉迷"其中,不断发掘居家锻炼的各种内容,在自媒体上持续更新,俨然成了居家健身达人。徐莉佳说:"我还是想将居家锻炼视频继续做下去,想鼓励大家养成一个良好的健身习惯。"

徐莉佳取消了三月份的回国行程。原本还指望着四五月份回趟家乡上海,但由于航班大幅减少,回国的念头一次次被打消。身在英国的徐莉佳心系国内小师妹,跆拳道运动员吴静钰、花游选手黄雪辰、田径奥运冠军刘虹等,都是徐莉佳的好朋友。"奥运会延期

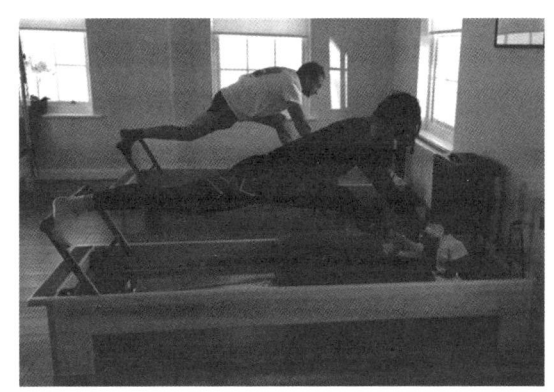

一年，运动员的训练和比赛的欲望难免会大打折扣，各项计划也都被打乱，她们接下来的路会很不容易，希望她们能克服眼下的困难。"

徐莉佳最牵挂的当属师妹张东霜。张东霜曾与徐莉佳一起争夺两届奥运名额，这次轮到张东霜参加奥运会了，徐莉佳利用自己在英国学习和采访的机会，经常转发她各类最新帆船资料。在国家队，张东霜也算是老队员了，登上奥运舞台是她梦寐以求的愿望，前阵子在海口封闭集训，她一直期盼着疫情好转后能去世锦赛上检验自己的水平。如今全球赛事停摆，失落在所难免。第一时间，徐莉佳为她解压："你要设定好一个大目标和若干个小目标。全运会冠军和东京奥运会是你的大目标，一旦设定好了，就要鼓起勇气坚持下去。然后，力量训练达到什么水平，体能要求是什么，这些都是小目标，需要平时每天、每周慢慢去积累成果。"

徐莉佳的丈夫约翰是前中国队帆船教练，今年执教一位芬兰女

四、抚慰心灵

选手备战东京奥运会,因为暂时无法正常训练,对未来感到迷茫,约翰只能通过视频继续指导她。徐莉佳对张东霜说:"虽然你们的封闭训练很枯燥,但同国外运动员相比,已经很幸运了。疫情当下,国外选手都停训了,他们没有条件像我们国家那样继续系统地留在队里集训。"

在徐莉佳眼里,自己和张东霜既是师徒也是姐妹,是队友又是好朋友。徐莉佳说:"我衷心期望她能够达成自己的理想。"

用冥想模拟海上帆船操作

6点起床,22点睡觉,这是徐莉佳多年来养成的习惯。居家的日子里,读书、锻炼、采访,她甚至觉得时间不够用。

在取得硕士学位后,徐莉佳成为一名体育自媒体人,开设自己的公众号"徐莉佳传媒之声",更为上海五星体育广播做冠军运动员专访音频节目《体坛佳音》,还被国际激光帆船协会聘为特约记者,每月采访各国运动员。疫情发生后,她将采访重心放在了同各国运动员交流如何抗疫训练上。

国际帆联暂时取消各类赛事,鼓励运动员上网分享居家帆船训练视频,徐莉佳将其分享给国内运动员。在微信新开的视频功能里,她分享了一则国外运动员在花园里吊着绳子模拟帆船训练的视频。"大家脑洞大开,在花园里、仓库里动手改造各类器材,模拟帆船训练,值得我们借鉴。"

前不久徐莉佳接受一家英国媒体采访。他们想请徐莉佳在疫情期间给大家分享独特的"宅家"训练经验。

徐莉佳认为,如果有伤病,就趁这个机会好好康复,让身体有个喘息的机会。同时可以注重提高体能,让自己在这段无法进行专项水上训练的期间,专注提高各自的力量与有氧耐力。再有就是学会利用好心理训练这一块,她的建议是冥想,"在冥想中,我仿佛真实地在海上操作,我会把每个细节都想得很生动。"

徐莉佳说:"普通人也可以学一学冥想这样的心理调控小技巧,生活、学习和工作各行各业都能适用,在冥想中让我们的心态变得更积极、更乐观。"

(《新民晚报》陶邢莹)

四、抚慰心灵

吴佩芯：开音乐处方的志愿者

说起上海音乐学院音乐治疗专业，很多人可能都是第一次听说。相比西洋乐器和民乐演奏类专业，隶属于音乐教育系的音乐治疗专业可谓是相当小众。这个专业每年只招收五六个学生，来自马来西亚的大二留学生吴佩芯就是其中一员。身在马来西亚的她，寒假期间加入了上音音乐康疗志愿者团队，为中国一线医护人员开出了一张张"音乐处方"。

1月初考完试，吴佩芯就飞回马来西亚。原本只打算在家里待两周，过完春节就回上海，随着新冠肺炎疫情的发展，她开始有些紧张，尤其是马

来西亚和上音所在的徐汇区也开始有确诊病例，周围的亲友都会询问她中国的疫情发展情况。上音老师周平的一通电话，将她从干着急的状态中解救出来。

学院的音乐康疗团队为此次疫情临时成立了一支志愿者队，负责提供小组和一对一的放松及心理援助服务，周平打来电话是来问问吴佩芯有没有时间和兴趣参与。马来西亚与中国并无时差，能用所学的知识帮助他人，再好不过了，吴佩芯一口答应，成了首批9名志愿者之一。身旁的父母得知女儿要帮助中国医护人员进行心理疏导，心里骄傲极了，表面上却还是开玩笑地说："这下没有懒觉睡咯。"

吴佩芯的爷爷从福建南安移民马来西亚，父母都是马来西亚华人，家里一直说中文，吴佩芯也一直就读于私立华文学校。从3岁开始学习钢琴，后来又学习了双排键，中学时期吴佩芯还加入了学校的华乐团，这样的文艺青年，却从小有一个医生梦。不过，由于偏科，医生梦是很难实现了，做一名音乐治疗师或许是她离梦想最近的一条路。

在这之前，吴佩芯自己对音乐治疗并不了解，"我原以为听听歌就可以帮病患解决问题，好像玄学"。入门后她才发现，原来音乐治疗有这么多技术手段，比如音乐放松、音乐想象等，让她大开眼界，对自己的专业也有了全新的认识。

大一正式入学前，吴佩芯先上了一段时间的留学生进修课，也就是旁听学长学姐们的专业课，还到肿瘤医院帮病人做睡眠放松。

相较于实习时来访者都是同样的人群，例如肿瘤医院都是肿瘤

四、抚慰心灵

病人，特殊学校都是残障人士，吴佩芯这次面对的是一片未知。每天3个小时的轮班时间，她最多要依次接诊6名来访者，提前一天，她会收到其他志愿者发来的来访者信息和诉求，制定相应的干预方案，到了约定时间前5分钟，吴佩芯掏出手机加上对方微信。

吴佩芯的来访者列表里，有面临感染风险的新冠肺炎定点医院医生，有因过度疲劳产生睡眠障碍的护士，有因疫情无法返乡过年或回城上班的年轻人……在30分钟视频连线里，吴佩芯会请对方播放自己事先准备好的曲目单，如巴赫的《哥德堡变奏曲》、莫扎特的《G大调弦乐小夜曲》等，然后引导对方闭上双眼，做几次深呼吸，慢慢地吸入，缓缓地呼出，体验全身心的放松。

一边治疗，吴佩芯一边用笔记录下来访者的基本情况和反馈内容。偶尔，吴佩芯也会受到信息过载带来的负面情绪影响，但接诊的过程也是治愈她的过程，看到回访报告里，医生的心理负担轻了，护士夜里不再惊醒了，裸辞的年轻人开始积极投简历了，她的内心仿佛有一棵绿芽破土而出，老师周平的话在耳旁响起："每一个人都有内在的力量，要相信音乐可以帮助你开启它。"

（《新民晚报》赵　玥）

90后护士,用治愈系画作记录雷神山医院感人瞬间

为雷神山医院带去色彩

用"画笔"记录在雷神山医院的抗疫故事,记下身边的一个个感人瞬间,这是上海第三批援鄂医疗队员王辉在休息时自我减压方式之一。

王辉是上海市第一人民医院的一名护士,也是松江区中山街道乐都小区的一名"热血"90后。2月17日,接到医院的号令,她瞒着父母报名参加援鄂医疗队,2月19日到达武汉雷神山医院后坚守至今。紧张忙碌的工作之余,喜欢写写画画的她利用休息时间,用手机画出了一幅幅"治愈"

四、抚慰心灵

系画作。

虽然每天工作压力很大，只能在宾馆和医院"两点一线"间单调地往返，但王辉的画都是色彩明亮、清新、治愈的。

她创作的《老爷爷》组画一共三张，主角是一位90多岁的患者，被大家亲切地称为"老爷爷"。

第一幅画作是给老爷爷喂饭。

最初，老爷爷坐轮椅进入医院，身体瘦弱无力，连床都下不了，让王辉和同事们心疼不已。老爷爷牙齿已经掉光，吃饭不利索，王辉和同事们就主动帮他喂饭，第一次喂饭花了半个多小时。为了让老人多吃点补充营养，王辉和同事把鱼里的鱼刺挑出来，把鱼肉压成肉糜，用热水把米饭泡软，一口一口喂给他吃。

由于老人只会讲方言，护士们不能完全听懂，交流并不十分顺畅，但每次喂完饭，老爷爷都会对着她们憨憨地笑。"那一瞬间就感觉老爷爷特别可爱，我们心里充满了温暖。"

王辉说，作画时，她总是会融入一些小心思。喂饭的场景原本是在病房里，想到老爷爷每天除了看着四面白墙，就是穿着防护服的医务人员，所见的色彩十分单调，王辉特意将肃穆的白墙涂成了彩色，并写下"愿做你眼中的色彩，武汉加油"。两周以后，老人的状态渐渐好了起来，王辉和同事们看着他三五口就能把一碗粥吸溜干净，慢慢能下地走路了，由衷地开心。

第二幅画的是老爷爷在窗前眺望。

"一次自由活动时间，我们扶老爷爷去走廊上活动，他站在窗口，看着外面的风景很出神。其实，外面的风景就是医院的病房而

已。我当时心里有一点难过,觉得他也许是想家了。"王辉在绘画时,将窗外病房建筑外立面的"风景",替换成了生机勃勃的绿色风景。

第三幅画的是老爷爷坐在花朵上笑,两只眼睛弯弯的,周围还有可爱的云朵相伴。

在大家精心照料下,老爷爷身上和脸上都长肉了,比刚进来时胖了不少。老爷爷不善言辞,但时常会在王辉和同事们面前露出可爱的笑容,无需言语,老人的心情大家瞬间秒懂。

"有同事拍了一张老爷爷笑的照片,照片上老爷爷在病房里,周围都是医疗器械,所以我在画的时候就让他坐在花朵上,在美好的氛围里,希望老爷爷早日康复。"王辉说。

四、抚慰心灵

除了《老爷爷》组画,王辉还创作了《送别》——画的是一位患者康复出院时的瞬间——救护车里,王辉的同事和患者面对面坐着,两人不约而同透过车窗静静望着雷神山医院。"送病人出院时,是我们特别开心的时候,看到病人眼神里的充满希望和期待,我们也更加充满力量。"王辉在创作时,将车窗外的景色画成了美丽的樱花,寓意所有的患者都能在这个樱花盛开的季节早日痊愈出院。

而《敬礼》画的是在太空中的一颗星球上,一位敬礼的患者和两位比心的医护人员。"这个阿姨是另外一个病区的,我在医疗交流群里看到一段视频,她一边激动地对医务人员致谢,一边用力做出敬礼的动作,当时看完就很感动。"王辉认为,她们和病人之间虽然是医患关系,但其实大家都有一颗充满友善和感恩的心。不分地域,不分年龄,不分工种,大家都在一起并肩共同战斗。

闪闪发光的90后

除了患者外,同事们也是王辉画作的主角。《节日》是她送给同事们的三八节纪念,画的是一位站在污染区门口,笑着比V的同事。《出征》画的是出发前,一位同事的男朋友帮她整理行装,还有一位同事斗志昂扬的Q版头像。

王辉坦言,这是第一次离开家乡上海松江到外地工作生活这么久,身边同事们的关照给了她很多勇气和力量。"每次进污染区之前,护士长都会一遍遍帮我们检查防护服。记得第一天迎接病人时,同事们一遍遍互相提醒防护注意事项。心里有疙瘩时，心理科同事会帮我们放松舒缓。还有很多后勤工作人员，把我们的生活照顾得很好，让我们全身心投入战斗。来自全国各地的关心和帮助也让我们十分鼓舞。"

"很多人都说90后中流行一种'丧文化'，存在无意义感、不被需要感，但我是个特别热血的人，我们的队伍中也有很多90后，大家都很热血，疫情发生后都特别想到最需要的地方去做点事情。"王辉叫自己"王光明"，她说，自己一直有做战地护士的理想，开始报名时，还担心自己不会被选上，因为只有五年多的工作经验，入选后感觉自己特别光荣。

这段经历也让她对护理这个专业有了更深刻的认识："也许在很多人眼里护士并不起眼，但每个病人的康复都离不开护士。我们做好手头每一件事情，护理好每个病人，病人得到好的康复，感到自己的工作特别有意义。"

翻看王辉的朋友圈，你会发现，除了画画，王辉还是个能弹会唱、爱玩自媒体的小达人，喜欢通过微信公号、小视频来记录生活中的"小确幸"，在单调繁忙的工作之余，这也成了她自我放松调节的方式。

一天在休息时，她发现明媚的阳光从窗口洒进房间，便自娱自乐地玩起了"捏太阳"的手指游戏，来缓解身心的疲劳。她还自制了一段名为《如果万事开头难，那请结尾一定要圆满》的抗疫视频，发布在个人公号上，为武汉加油。

平日里在家，她也是一个备受宠爱的"小公主"，父母得知她要去武汉后，虽然不舍，但没有阻拦。到达武汉后，担心影响她工作，以前爱唠叨的妈妈很少主动给她打电话，只是每次通话中叮嘱她注意保护自己，有空跟家里联系。在家庭的微信群里，爸爸妈妈每天都会给她发两个红包，也不多说什么，用这样一种方式来表达对女儿的关爱。

"灵魂画手"：线条勾勒暖心瞬间

"小笼包遇上热干面，一条江系上两座城。"这些天，一张画着上海小笼包与武汉热干面顺利"会师"的战"疫"漫画在沪汉两地的医护朋友圈刷屏，"求连载""求更新"的留言无数。

原来，在上海第八批支援湖北医疗队中，有一位90后"灵魂画手"——来自上海市第一人民医院的外科护士邹芳草。在前线负责院感防控的她，每天第一个进舱、最后一个出舱，期间需要跟组检查每位医护人员的防护隔离装备，保证大家安全进入，干净撤出。

一线工作辛苦，邹芳草有特别的解压方法。隔离病房内四处可见的白，记录本上密密麻麻的病例文字记录，都成了她创作的天地和灵感，"我想通过线条的勾勒、色彩的变化记录下雷神山病房里真实生动的每一幕，为战友们换一种心情，让病患心头多一抹亮色。"

出征临行前一晚，邹芳草带上了画图工具与平板电脑。24岁的她当时就决定了，在前线既要当战士，也要用画笔开出"治愈系"处方，记录下抗疫一线的暖心瞬间。于是，她的第一张画便是市一医院156人医疗队抵达武汉雷神山医院的"出征照"。

半个多月来,邹芳草坚持每天不停更,她自己最喜欢的是一幅"吃豆人"的漫画。"你不觉得和我们医疗队很像吗?"在她的笔下,吃到豆豆就是治愈患者,但为了吃到豆豆,要努力躲避小怪兽,就好像医护人员每天和病魔作斗争却又不能触碰病毒,直到患者痊愈,就是最大胜利。

这两天,忙碌之余的邹芳草还在筹备一件"礼物",为所有女队员画一张集体照,"希望用我的特长,为这个特殊的妇女节留下一份特别的回忆"。

("新民眼"工作室 杨 洁)

四、抚慰心灵

你们保护世界，我们呵护你

疫情中，作为女性的"娘家"，上海市妇联倾其全力，从多个方面帮助和支持抗疫中的姐妹。从1月20日在"上海女性"公众号上推出第一篇新冠肺炎科普知识开始，上海市妇联与全市女性一起共同抗疫，并肩度过艰难时刻。

谢谢你们，保护世界的人

女性医护人员的奉献精神感动着所有人，而上海市妇联也把女性医护人员"战场"上的需求记在心里。

上海市妇联从战斗在疫情最前线的医疗卫生机构获悉，为确保持续投入高强度的工作，医疗一线女性医务工作者都选择在生理期使用考拉裤以减少穿脱防护服的次数，这也让考拉裤成为抗疫中的急需物资之一。

1月31日，上海市妇联、上海市总工会女职工委员会向全市各级妇联、女职工委员会、爱心企业、社会各界爱心人士、女企业家、各女性社会组织发出募集相关物资和资金的倡议书,希望有考拉裤(女性生理期护理用)等产品的爱心企业积极捐赠,或以低于市场价的爱心价格提供货源;同时接受现金形式的捐助,募捐款项专门用于购买考拉裤等产品。倡议书于当天下午在市妇联官方微信平台"上海女性"正式发布。

倡议书发布之后,得到了上海各行各业的积极响应。24小时内,上海市妇联接到了来自各单位、各团体和个人的电话咨询,不少集体和个人纷纷来电询问捐赠的用途、购买物资的具体要求和数量,很多来电表达了要支援女性医护人员的强烈愿望。2月2日下午,全部物资运抵武汉。至2月2日下午,在各方的大力支持和广泛参与下,考拉裤的募集总数已达10.94万片。

2月8日元宵节晚上,复旦大学附属华山医院接到紧急命令,第二天要再派出一支200多人的医疗队驰援武汉。得到这个消息,当天21时35分,上海市妇联向各女性社会组织发出"众志成城抗击疫情、捐助上海第四批援鄂医疗队"的爱心集结号。

上海市三八红旗手联谊会、上海市女企业家协会、上海市儿童基金会、上海东海慈慧公益基金会等社会组织和韵达快递、老香斋等爱心企业纷纷响应,各会会长亲自"挂帅",一同连夜筹集物资、联系配货、安排物流,完成了一个不眠夜的爱心接力。

经过通宵达旦的努力,2月9日一大早,1000副医用防护镜、200条电热毯、800双羊毛袜、846片女性考拉裤及卫生巾、7200块药皂、630盒VC泡腾片、672瓶漱口水和口喷剂,以及牛奶、巧克力、方便面、八宝粥等各类方便食品共计15种265箱10958

件物资运送至华山医院集合地。这些爱心物品承载着上海女性的满满祝福,与医疗队队员一起出发前往武汉,参加新一轮的战"疫"行动。

战斗在医疗一线的医护人员,很多人家中孩子年幼,老人年迈,家人克服了一个个具体的困难,站在背后默默支持抗疫。

上海各级妇联组织,一边通过市儿童基金会募集善款和物资,一边将全市人民的爱与温暖,通过爱心慰问等形式,传递到这些家庭中去。

元宵节前夕,上海市妇联向全市337户援鄂医疗队医护人员家庭送上了由上海市儿童基金会、百胜(中国)投资有限公司、老城隍庙食品有限公司捐赠的爱心慰问品。各区妇联也积极行动起来,对区内援鄂家庭开展各种关爱服务项目,如赠送蔬菜、食品等爱心礼盒,赠送家政服务,赠送家庭亲子读物等。

截至2020年3月31日,上海市儿童基金会募集捐款金额总计11768201.04元,募集物资折合总计66168138.34元。

点亮城市希望之光

今年的三八国际妇女节,是三八国际妇女节第110周年。特殊时期的三八国际妇女节,一场特殊的活动在上海这个巨大的舞台上上演。

3月8日18时38分,浦江两岸的城市地标以及各区标志性建筑、重要商圈同时为抗疫巾帼们亮起粉红灯光。从东方明珠、上海中心,到白玉兰广场、五角场"小巨蛋",再到出租车后窗……粉色的灯光温暖人心,也温暖了整座城。

点亮申城的活动既是献给抗疫女性的节日祝福,也是对她们表达的深深致敬!

这一天,由上海市妇联、人民视频、腾讯新闻携手来自各行各业老中青三代具有影响力的杰出女性代表拍摄的视频祝福,也引来了网友们的围观。

中国工程院院士、复旦大学上海医学院教授闻玉梅,小提琴演奏家、上海音乐学院教授俞丽拿,复旦大学上海医学院副院长、上海市新冠肺炎防疫小组专家组成员吴凡,跳水奥运冠军吴敏霞,羽西化妆品创始人、华美协进社联合主席靳羽西,知名媒体人、阳光媒体集团董事长杨澜,上海人民广播电台首席主持人秦畅,上海沪剧院院长、上海市戏剧家协会副主席茅善玉,上海京剧院国家一级演员王珮瑜,自媒体作家格十三、甘北……23位杰出女性在视频里向抗疫一线的姐妹表达感谢。

还是在这一天,一首歌曲深深感动了听众。上海市妇联、新华社新媒体中心、新华社上海分社联合推出原创抗疫公益歌曲《答应我》,把深情和温暖献给每一个在抗疫中守望相助的家庭。《答应我》由编剧王丽萍策划并作词,苏隽杰、苏凯文作曲,平安演唱。这首歌,表达"我们在一起"的勇气与力量。一经推出,引起公众共鸣。粉丝留言"每一天都在期盼着为抗击疫情做出贡献的英雄们平安归来"。

点亮生活的希望之光,首先要点亮人们的心理健康之光。

疫情期间，上海市妇联、上海市总工会女职工委员会、上海体育学院联合为全市家庭开设《照进女性内心的15面镜子》系列心理公开课，为市民提供针对性的心理疏导。课程内容包括："建立科学系统的心理认知：在这个不确定的世界里找到最大的确定性""病耻感：为什么我会因为得病而感到羞耻、恐慌？""负面情绪与抑郁症：当负面情绪扑面而来，无法自拔时""应激反应&PTSD：我会比平时更易怒、更敏感、更焦虑，这是为什么？"等等。

除了线上课程，上海市妇联妇女维权和心理疏导热线、上海市总工会24小时心理预约热线、上海体育学院上体心理预约热线、上海市妇女干部学校唯尔福妇女儿童心理热线浦东新区妇联女性幸福力学堂24小时免费心理防疫热线为全市女性提供专业的心理支持和帮助，帮助市民驱散心中阴霾。

困难终将过去，抬头又是晴天

新冠肺炎疫情对全国经济造成了影响，共克时艰的特殊时刻，上海市妇联积极行动起来，为企业复工复产贡献巾帼力量：

关注和调研女企业家、女性创业者、女性社会组织从业者在疫情防控时期的实际困难，通过社情民意向政府积极建言；

充分发挥女企业家协会、女性双创平台等社会组织作用，号召企业在落实防控措施前提下有序复工复产；

做好指导服务，策划推出"沪助她创 疫路同行"中小企业直播课和职场女性心理直播课，助力企业和职业女性共渡难关；

引领各级妇联积极帮助和推进女企业家、女性社会组织双学双比基地和女农民工复工复产。

女企业家们自强不息的奋斗，勾画出另一幅别样的美丽风景。

2月7日，上海市女企业家协会在企业复工号令即将吹响之时，针对企业需求，组织开展"了解新冠疫情对会员企业生产经营的影响"专题调研，协会全面了解抗疫期间企业现状，做好反映企业心声、向政府建言的准备；为特殊时期企业恢复生产提供专家咨询指导，联合市智能制造产业协会，紧急协调税务、财务、法律三方面专家7名，成立专家咨询委员会，面向协会会员企业提供免费线上咨询服务。

2月10日起全国大部分省市企业正式恢复生产。

为了了解女企业家们在复工复产中遇到的困难，上海市妇联委托市社会科学院经济研究所所长、市政协委员沈开艳通过市女企业家协会开展调研，由市政协妇联界别提出疫情防控期间保护女性职工和女企业家权益的提案。

针对妊娠期、哺乳期女职工的弹性工作制政策推行力和约束力较弱，覆盖面不广；大部分地区未出台疫情期间双职工家庭子女的看护政策；女企业家普遍面临现金流危机，亟需政府扶持等问题，沈开艳委员结合部分省市的政策经验提出了一系列建议。

此外，上海市政协委员胡宏伟、沈开艳，市政协常委、市妇联副主席翁文磊聚焦当前疫情下金融科技助力企业生存发展问题联名提出提案，希望政府部门通力合作，在上海市政府原"一网通办"基础上，建立完善"企业云"板块，搭建银企对接平台，为日常经

四、抚慰心灵

营良好但因突发疫情陷现金流困境的企业给予在线专项贷款资金支持，实现金融科技助力企业生存发展，共克疫情带来的影响。

上海的女性企业家以高度的社会责任感积极行动，她们带领企业在疫情期间保障市场物资供应、疫情后期第一时间复工复产，为经济重振贡献力量。

分众传媒制定防疫十项措施，灵活办公，在恢复经营同时，拿出各方资源做好疫情防控宣传。新东苑快乐家园以"行动速度快、信息排摸准、防控措施狠"为宗旨，为社区内长者织起科学精准防控保护网。为解决女农人产品直销难，市民家庭出门采购难，上海赢久农业科技发展公司重点打造"森鲜馆"集市。上海思瑶蔬菜种植专业合作社为能上班的员工全部加了工资，40名工人在社长带领下每天早上7点半到下午4点半采摘，第二天凌晨3点包装配送。

还有更多的女企业家齐心抗疫，一边保障员工安全，一边按照疫情期间的需求，努力恢复生产，满足市场需要。

3月27日，习近平总书记主持召开中央政治局会议，分析国内外疫情防控和经济运行形势，研究部署进一步统筹推进疫情防控和经济社会发展工作。会议强调，要在疫情防控常态化条件下加快恢复生产生活秩序。

生活总要向前，经济的发展是美好生活的保障。上海出台相关新政策，通过聚焦首发经济、夜间经济、品牌经济和免退税经济，提振消费信心，强力释放消费需求。

说到"买买买"，女性是当仁不让的主力。三八妇女节期间，上海市妇联携手三八红旗手联谊会和在沪企业推出"码"上行活动，激发市场消费活力,助力复工复产。妇联联合沪上5个大平台——"i百联平台""东方名品汇商城平台""上海中心平台""世博邮政平台""上海妇女用品商店平台",号召50家老字号及爱心企业携近百个品牌以低于市场销售价的形式,给各行各业的女性朋友们带来一波优惠福利。

进入五月,上海"五五购物节"拉开大幕,以促消费的形式重新点燃这座魔力之都的激情。

5月15日国际家庭日当晚,一场名为"疫情后时代的女性健康生活主张"的直播带货活动上线。在这场直播上,上海市妇联主席徐枫上线当起了"好物推荐官",隆重推介健康食品、国货精品。

新冠肺炎疫情这场影响巨大的事件中,女性担负起时代的责任。女性用行动告诉世界:困难必将过去,抬头又是晴天。

(黄　祺)

— 附 —

致敬上海援鄂医疗队中的 1089 位巾帼英雄

复旦大学附属中山医院

干依婷	李欣怡	张晓云	郑 霞	唐晓燕
王青青	李倬哲	张晓夏	赵欣颖	陶淑君
王宜赟	李菁菁	张琳佳	柯璐璐	黄圣晶
王春灵	李晨喆	张 璐	俞 倩	黄佳琪
王 喆	李 敏	陆红艳	费 敏	黄 慧
毛佳健	李静怡	陆 敏	姚雨濛	曹 婧
左梦颖	杨兴艳	陆晶晶	秦 琦	龚漪娜
叶 君	杨秋晨	陆嘉楠	袁佳雯	盛瑜恬
印 敏	杨倩倩	陈宇菁	顾璘翌	董晓赟
冯智凌	杨焱焱	陈轶洪	钱宁宁	蒋 菁
朱 妍	吴丁韵	陈晓洁	倪佳雪	韩 奕
朱玥婷	吴 婕	陈斐颖	倪晓云	程敏慧
朱奕豪	吴博杰	陈 翔	徐中慧	裘 洁
刘 洁	吴雯晴	武瑞秋	徐佳凤	缪炯睿
刘晓蓉	余 情	欧玉凤	徐 璟	潘文彦
齐碧蓉	沈悦霖	周佩歆	奚 欢	潘春凤
江 莹	张月莉	周欣欣	高 倩	潘婧莹
孙苏婷	张 杰	周采丰	高 婷	戴依蕾
孙丽骏	张贤玲	周哲玲	高锦霞	
李 申	张怡然	郑吉莉	高 磊	
李佳旻	张 莉	郑燕丽	郭瑞雪	

复旦大学附属华山医院

万　亿	朱禛菁	李瑞燕	张滢悦	周　敏
卫　尹	乔　云	杨一鸣	张　静	周　颖
卫　慧	乔　乔	杨玉蛟	张　瑾	周嘉杨
马珏萍	刘伟娟	杨庆香	张黎艳	周　瑾
王冬艳	刘若茜	杨　欢	张　霞	周　赟
王欢欢	刘治平	杨　杨	陆文丽	庞启英
王　兵	刘　屏	杨孜雯	陆言庭	赵　虹
王雨佳	刘莉莉	杨　艳	陈　丽	赵雯婷
王　佳	刘　萌	杨敏婕	陈怡静	郝彭丽
王昳丽	刘静霞	杨媛佳	陈　洁	胡玉蓉
王倩露	江晓慧	吴思怡	陈望升	胡鸣颖
王　琳	许雅芳	何楚怡	陈蓓妮	俞文蕾
韦咏梅	孙　迪	余琦玮	邵岳英	俞　英
毛亚妮	孙佳佳	谷　佳	邵莲菁	俞雯霞
孔涵恩	孙　莉	邹慧祯	邵　琼	施培红
邓　蕊	孙　悦	闵铜新	林　琳	姜野宁
卢文文	杜铃琴	汪佳玲	欧阳佳	洪　姝
印　正	李圣青	汪嘉妮	季雯婷	姚方园
包　悦	李　丽	汪慧娟	金俊捷	姚志萍
冯璐璐	李金哲	沙　海	金　莺	姚静丽
吉　莉	李　洁	沈怡琼	金　琦	袁　立
毕　鑫	李海云	宋甜甜	金慧莉	袁如玉
朱子薇	李梦琪	宋　敏	金　蕾	袁　燕
朱孝思	李雪琴	张文翠	周与瑾	贾燕静
朱欣宜	李　婧	张伟燕	周叶佳	夏从容
朱娴杰	李　琼	张梦影	周丽慧	顾　倩
朱榴燕	李　婷	张　雯	周佳怡	顾颖婷

钱姿斐	郭祎佶	黄 静	葛倩文	蔡文静
钱倩文	郭梦月	曹书梅	蒋浩琴	谭佳颖
倪 丽	郭慧琦	曹 莉	蒋 超	翟耶俊
倪 洁	唐明兰	曹晶磊	程 阳	潘美霞
倪 娇	陶 悦	盛玉涛	程 煜	薛 愉
徐山山	黄 莹	盛红兰	傅 佳	戴龙梅
徐思敏	黄 琦	崇家懿	傅晶晶	瞿春蕾
徐 惠	黄惠娴	葛圣婷	谢 莉	
徐 瑾	黄 雯	葛周勤	楼 佳	

上海交通大学医学院附属瑞金医院

王晓宁	李燕娟	陈 瑶	姚 岚	陶晴岚
王爱琴	吴文娟	陈嘉仪	姚梦怡	黄文婕
王 蕾	吴佳萍	林荣桂	秦 昵	曹伟伟
甘 露	吴 艳	欧阳芸	夏琼华	戚 倩
乐雨倩	吴褘雯	罗宁迪	顾雯风	龚赛玲
毕宇芳	沈春悦	金 泓	钱文静	崔卓洲
朱佳欣	沈 虹	周 瑛	钱琳娜	崔佳嵩
朱 晟	忻 笑	周 雯	钱 靖	崔 洁
朱 琳	张 俊	周楠楠	钱新悦	梁晓虹
任培培	张晓帆	郑仕元	倪晓燕	谢亚婷
刘 琼	张 淼	房 盈	徐梦妮	熊少洁
刘嘉琳	陈文萍	赵小婕	高杉珊	衡妍妮
孙孟瑾	陈 沅	俞海瑾	高琛妮	
孙 琦	陈雪丹	施莺莺	郭 颖	
巫雅萍	陈 琳	姜 炜	唐 莲	

上海交通大学医学院附属仁济医院

马良玉	刘 文	张天瑶	赵小宁	唐 恩
马玲玲	刘 明	张 林	赵佳茹	陶凤云
马 越	刘诗莺	张佳冉	赵晓莉	黄 敏
王 芳	刘 桐	张科蓓	胡雨茜	黄 睿
王芳缘	刘 钰	张 敏	胡佳红	黄黎莹
王 玮	刘雪青	张 骞	胡 洁	辅智薇
王 旺	闫 翻	陆君涛	查琼芳	董天娇
王 涛	许 莉	陆清雨	施佳丽	董啸男
王淑琳	孙甜甜	陆詹婷	姚智雯	韩晓凤
王 琴	杜 晶	陈小艳	秦玫瑰	程 菲
王晶晶	李 云	陈思思	袁秀群	傅小芳
尹 婷	李文慧	陈桂林	夏 凌	傅琳娜
厉 燕	李 帅	陈 娟	顾燕芬	缑卫红
厉燕芬	李 佳	陈 盛	钱 琳	路莎莎
占梦点	李佳琳	陈 媚	倪敏慧	窦 苗
乐 叶	李 依	范晔绮	徐小妹	廖 宇
吉敏娇	李 娜	范晴云	徐如慧	翟佳丽
吕 遐	李 莉	杭 瑛	殷 青	潘雪红
朱 丽	肖 潇	季佳敏	奚慧琴	潘晨卿
朱慧婷	邹天慧	季梦婷	唐 伟	薛 珊
华燕妮	应小盈	周玲亿	唐佳菲	戴 倩
庄佳影	宋 洋	周 敏	唐佳漪	鞠 莹

上海交通大学医学院附属第九人民医院

江 雪　　黄波黎

上海中医药大学附属龙华医院

丁佳丽	刘晟宏	汪小娜	金　乐	甄莹莹
巨红梅	刘蕙宁	张怡青	周　睿	甄　暐
尹晓静	李艳梅	陆蓓蓓	俞月红	虞亚琪
包佳宁	李　群	陆　巍	席丽君	戴楠楠
朱晶莹	李黎梅	陈一愫	曹慧娟	
刘利梅	吴琼丽	陈培培	常　敏	

上海中医药大学附属龙华医院

王文红	朱佩敏	张秋芸	倪志群	董春玲
王金梅	孙亚岚	陈　佳	倪　琦	蒋雪瑾
王　婧	李晶晶	陈　曦	徐　幸	程　鑫
卢根娣	肖文秀	武文文	郭　君	蔡蔚然
吉建梅	沙春霞	金　艺	诸玫琳	
吕　婵	沈卓婴	赵丹丽	黄　凤	

上海中医药大学附属岳阳中西医结合医院

王文盼	李广莹	周　佳	秦雯云	黄丹凤
王丽虹	李燕敏	赵圣洁	顾　樊	潘慧璘
史文丽	杨爱华	赵舒逸	倪　澂	濮稚燕
冯诗婕	狄慧娟	俞梦泽	徐伟娥	
刘晓岚	张　丽	施勤英	唐　欢	
祁伊莉	张　艳	姜琳芸	黄小娜	

上海市第一人民医院

丁凤鸣	朱莞婷	沙莉莉	季玉蓓	徐梦丹
于吉霞	朱瑜君	沈 燕	周 妍	殷 敏
干佳琪	朱 蕾	张小瑾	周 盈	高 霏
马志沛	刘佳楠	张 欢	周智燕	黄 佳
马旖雯	刘雯燕	张 芳	周 翡	黄崇媚
王 卫	刘毅珍	张园园	周 蕾	曹思萍
王文婕	江婷婷	张若敏	郑晶晶	戚思佳
王 宁	汤燕萍	张 欣	赵 伦	龚丽燕
王 倩	许 悦	张洒洒	赵园园	常 健
王 辉	孙文兰	张 盈	赵利群	符 燕
王 婷	孙海燕	张雪艳	赵艳玲	梁秋婧
王瑞兰	孙 焱	张 敏	胡晓敏	董向燕
石英姿	严小培	陈俏依	姜 婷	傅晟静
石晓彤	李 炜	陈 艳	姚玉婷	满雯琼
叶稚茵	李怡韵	陈 晨	贺银燕	蔡梦如
叶 磊	杨美蓉	陈颖萍	贺懿婷	臧婷婷
田名珠	吴卫青	陈蕊华	袁玮媚	裴传凤
白 雨	吴明慧	陈 燕	贾洁爽	潘宇慧
冯晓云	吴钰婷	武永霞	顾春红	潘佩培
朱立颖	邱移芹	范仁静	顾晓琳	魏 云
朱玲玲	邹芳草	范佳凤	钱钟馨	
朱 莉	汪 婕	罗 仪	钱 倍	

上海市第六人民医院

于树婷	何俐	陆燕	胡佳颖	黄翠琴
朱江英	沈佳佳	范小红	耿倩	章左艳
刘秋月	沈虹	季姝鑫	钱海泳	商文静
苏慧	宋昌菊	周伟	徐邱婷	屠丽雯
李丹	张立萍	郑婷	郭耀萍	蒋佳清
吴姗	陆雅萍	郝子娴	黄琳	谢亚莉

上海市第十人民医院

许虹　严松娟

华东医院

陈贞　唐军

上海市同济医院

顾海燕　惠蔚

上海市第六人民医院东院

文佳　刘素贞　钱晓　滕彦娟

上海交通大学医学院附属仁济医院南院

李盼盼　　　张　煜　　　赵晓玲

复旦大学附属华山医院北院

包丽雯	孙红萍	张伟燕	郭　倩	潘洁琼
朱天翼	严书玲	张欣云	黄嘉琳	
刘　蓉	李　莲	陈　红	韩　杨	
汤　晶	吴问香	徐东亚	鲁　琳	

上海交通大学医学院附属瑞金医院北院

王施妍	朱晓宁	吴　旻	姚智毅	徐雯莉
邓梦楠	刘黎丽	何雯妍	秦　岩	唐文婕
叶夏莉	苏晓芬	余　洁	秦　怡	唐铭骏
叶倩茹	李碧波	沈潇云	贾　颖	黄　燕
巩　倩	杨笑笑	陈思瑶	顾怡雯	韩晓羚
朱酉琦	吴叶佳	胡琼莹	徐昕宙	蔡　明

上海市胸科医院

冯　亮　　　陶　夏

上海市肺科医院

王　箐　　　徐静静

上海市中医医院

于 倩	孙 燕	范江雁	钱文娟	梁 婷
王佳瑜	折 哲	茅丽琴	钱婷婷	鲍君志
卢文琪	李晓奇	季紫娇	奚 洁	蔡 俊
朱 颖	吴云霞	胡红梅	高 盼	樊洁琼
刘 青	吴怡颖	袁海凌	唐建红	潘旭冰
刘 燕	陈 洁	袁颖颖	龚燕燕	

上海市精神卫生中心

程文红

上海市东方医院

尤俪雯	刘鹏艳	何丽华	秦佳文	高彩萍
尹媛媛	李 昕	周 敏	袁刘远	谢文婷
朱嘉鹏	李 慧	赵清雅	顾钦赟	蔡小红
任慧娟	吴文娟	查 韵	徐 筠	

上海市第七人民医院

马力凤	杨怡雯	张晓丹	袁计红	黄黎静
冯嘉依	杨 雪	张瑞杰	徐文彦	龚菁菁
江夏萍	吴 凡	陈思瑶	凌 怡	彭 丹
孙 雯	吴雯娟	陈倩文	高馨然	阙 雯
李冬梅	余 佳	胡双双	黄 芳	管玉珍
李家英	邱英莲	胡 雨	黄 玮	

浦东新区人民医院

尹育红　　　范叶君

浦东新区公利医院

纪艳艳　　　殷敏燕

浦东新区周浦医院

李晓宁　　　戴　华

浦东新区浦南医院

王亚华　　　李晓静

浦东新区浦东医院

黄　琳　　　瞿如意

浦东新区肺科医院

陶　燕　　曹一峰　　龚惠莉

黄浦区香山中医医院

万　莉

黄浦区中西医结合医院

周茀伶

黄浦区精神卫生中心

温科奇

上海市瑞金康复医院

陈俊彦

静安区闸北中心医院

吴瑞珅

静安区精神卫生中心

吴荣琴

静安区彭浦新村街道社区卫生服务中心

吴婷婷　　陈雅娟

徐汇区中心医院

徐家宜

上海市第八人民医院

周春燕

徐汇区精神卫生中心

倪 花

上海市光华中西医结合医院

| 白 杨 | 刘 恋 | 李艳英 | 周 萍 | 端光丽 |
| 成亚慧 | 麦静惜 | 何青青 | 程 霞 | |

长宁区妇幼保健院

吕 铃　　郭纪芸

长宁区精神卫生中心

杨慧青　　汪 阳　　陈龙云　　黄 莺

普陀区人民医院

付佳英　　冯 琪　　杜丽平　　张 玲　　蔡文珺
薛莉菲

普陀区中心医院

严 萍　　张琴琳　　龚月蕊

普陀区利群医院

刘 雯　　林 舟　　周晓芝　　高 莉　　董秋华
缪淑敏

上海市第四人民医院

王 妍　　王洋洋　　张玉萍　　姚婷婷　　蒋金花
王玲玲　　庄明燕　　洪 艳　　柴凤平　　戴爱兰

上海市中西医结合医院

冯昱桦　　严晓晴　　张明洁　　张 骞

虹口区江湾医院

尹 瑛　　李昱旻　　李 洁

虹口区精神卫生中心

徐阿红　　董玲萍

杨浦区中心医院

王剑琼	冯丽美	吴晓燕	陈 迪	秦 梦
王 勍	冯雪芳	邱淑佳	陈菊花	顾 蕾
王 敏	朱 莉	何紫娟	范志敏	高 优
王梁丽	朱晓琼	何慧赟	油文静	盛赛花
王缓缓	伍净净	沈海晨	赵 越	梁 翠
王 静	刘 红	张祁筠	施 丹	焦闪云
王燕燕	孙 艳	张 静	祝毛玲	戴文琼
叶秀萍	李 青	张燕红	姚慧俐	

杨浦区市东医院

汪 娟　　张洁莹　　胡芸芸

杨浦区控江医院

来从秀　　张琳艺

杨浦区中医医院

方 芳　　朱承倩　　肖 燕　　陈 军

上海市第一康复医院

王小青　　刘 萍　　沈艳梅　　袁肖肖

杨浦区精神卫生中心

柴宇静

杨浦区牙病防治所

蔡莹颖

宝山区中西医结合医院

邱李夏

上海市第一人民医院宝山分院

沐美玲　　　徐越

宝山区罗店医院

刘青　　　程新

宝山区大场医院

汤丽君　　　李金花

宝山区仁和医院

朱莺　　　张怡

上海中冶医院

王燕娇　　钱　莉

上海市第五人民医院

丁怿虹	孙陆玉	汪冬圆	胡军言	黄建芳
王卫芳	严翠丽	沈秀竹	胡春花	黄春兰
石欣怡	苏宇婷	沈艳婷	胡德雪	黄春萍
史媛虹	李卫英	张　静	查兵兵	黄莉莉
伍婵娟	李青青	陆翠微	柳　玮	韩凯月
华晓婷	李　玲	陈　园	秦永芬	靳　静
刘文静	李新宇	金　枝	徐　丹	楚苗苗
刘　亚	杨艳君	周慧敏	翁玲琍	
刘秀平	辛　舟	郑　娟	高梦娇	

闵行区中心医院

王　宏　　刘文进　　胡兰兰

闵行区精神卫生中心

牛卫青

嘉定区安亭医院

陆庆红

嘉定区南翔医院

刘 芬

嘉定区中医医院

肖 娟

复旦大学附属金山医院

张文英　　陆美华　　罗 春　　周海英

上海市第六人民医院金山分院

丁士英　　王洪花　　李 红

金山区亭林医院

陆 贤　　胡娜娜

金山区中西医结合医院

沈 妍　　张莉莲　　顾美萍　　顾培珩

松江区中心医院

王叶琴　　顾瑞莲　　盛春风

松江区方塔中医医院

邢丽莎　　　宋海峰　　　赵小燕

松江区精神卫生中心

李　瑾　　　潘　婷

上海市第五康复医院

吴海燕　　　姚　晖　　　柴丽莉

松江区九亭医院

叶海燕　　　李春花　　　黄晓莉

松江区泗泾医院

于文杰　　　刘双园　　　唐彩芳

复旦大学附属中山医院青浦分院

王菊莉　　王融融　　严明英　　严玲玉　　李婷婷
吴毓新　　胡　婷　　钱雪梅

青浦区中医医院

沈勤兰　　　张　培　　　钱　莉

青浦区朱家角人民医院

许妁　　张言　　范陈戈

青浦区精神卫生中心

李雪芳　　汪晓晖

奉贤区中心医院

王海红　　吴玲玲　　姜绿燕　　蒋惠佳

奉贤区中医医院

丁绍荣　　孙旦萍　　周东花

奉贤区古华医院

王婷　　林小芹　　蔡海英

奉贤区奉城医院

方士华　　秦萍　　翟晓惠

奉贤区精神卫生中心

卞慧莲　　彭红玲

上海交通大学医学院附属新华医院崇明分院

朱 敏　　吴春娟　　沈 花　　秦 云　　徐鸣丽

上海市第十人民医院崇明分院

何绍华　　黄爱萍

崇明区第三人民医院

沈 俭　　高玲娣

崇明区传染病医院

陆春燕

上海市卫生健康委员会

吴 平

上海市疾病预防控制中心

朱奕奕　　任 宏

图书在版编目（CIP）数据

女性的力量：中国抗疫战中的上海女性 / 上海市妇女联合会，新民周刊编. -- 上海：文汇出版社，2020.12

ISBN 978-7-5496-3295-4

Ⅰ. ①女… Ⅱ. ①上… ②新… Ⅲ. ①报告文学－中国－当代 Ⅳ. ①I25

中国版本图书馆 CIP 数据核字（2020）第 201985 号

女性的力量
中国抗疫战中的上海女性

编　　著 / 上海市妇女联合会　新民周刊
责任编辑 / 苏　菲
装帧设计 / 乐　业

出 版 人 / 周伯军

出版发行 / 文匯出版社
　　　　　上海市威海路 755
　　　　　（邮政编码 200041）

经　　销 / 全国新华书店
印刷装订 / 启东市人民印刷有限公司
版　　次 / 2020 年 11 月第 1 版
印　　次 / 2020 年 12 月第 2 次印刷
开　　本 / 890×1240　1/32
字　　数 / 160 千
印　　张 / 7.75（插页 8）

ISBN 978-7-5496-3295-4
定　　价 / 49.00 元